西南シルクロード紀行

宍戸 茂

朝日出版社

まえがき

私が初めて「シルクロード」に挑戦したのは、一九九二年九月のことである。実は「タクラマカン砂漠を駱駝で行く」という企画に参加したかったのだが長期間の休暇をとれず、私が選択したのはウルムチからカシュガル、ホータン、そしてトルファンをめぐるツアーだった。当時すでに図書館の隅に『謎の西南シルクロード』(鄧廷良著、王矛・王敏編訳、原書房)という分厚い本があることは知っていた。なにしろ「シルクロード」という文字を見れば手当たり次第読みあさっていたのだから。しかし、「謎の」という文字にはある種のいかがわしさがあって私は詳しく読んでいない。ただ「以前から知られる西域へのシルクロードよりもさらに歴史が古く、いっそう神秘的」な道であるというキャッチコピーだけが頭に残った。

一九九四年から三年間、「シルクロード」の「天山南路」を二千キロメートル、マウンテンバイクで走行した。それはある市民団体が主催するツアーで、中国の西安からローマまで二十年かけて自転車で走ろうという壮大な企画である。地球の凹凸を体感しながらシルクロードを走りぬけるのは魅力的だったが、余りにも長すぎた。私は蘭州から張掖、酒泉、敦煌、トルファンまで、一部分だが参加した。その頃のシルクロード熱は今よりも高かったように思われる。それはそうだろう、

井上靖、司馬遼太郎、平山郁夫、陳舜臣、長澤和俊など錚々たる応援団がいたのだから。そのうえ強力なNHKまでついている。

二〇〇四年二月、私は縁あって昆明市にある雲南民族大学に六ヶ月間お世話になった。そして雲南省各地を旅行し、『謎の西南シルクロード』も読むことになる。前漢の武帝が漢都長安から甘粛、新疆、タリム盆地、パミール高原を経て中央アジアへ抜ける絹の交易ルートを確立する前に、成都で織られた蜀布が雲南省を通過してインドへ渡り、さらに中央アジアの各地で売られていたのである。元祖「シルクロード」とはまったく異なったルートを取る、「西南シルクロード」が存在していたのである。

昆明市の雲南省博物館で「石寨山遺跡」から出土した青銅器を見たときの感動が、「西南シルクロード」を歩いてみようと思い立った原点だと言える。牛を背後から襲う虎、仔牛をかばう親牛、大豚と二匹の虎の死闘。中原の青銅器文化には類を見ない、躍動感あふれるそのデザイン感覚はどこから生まれたのだろう？　この「素朴な疑問」を発火点として「西南シルクロード」の古道探しの旅が始まったのである。

目次

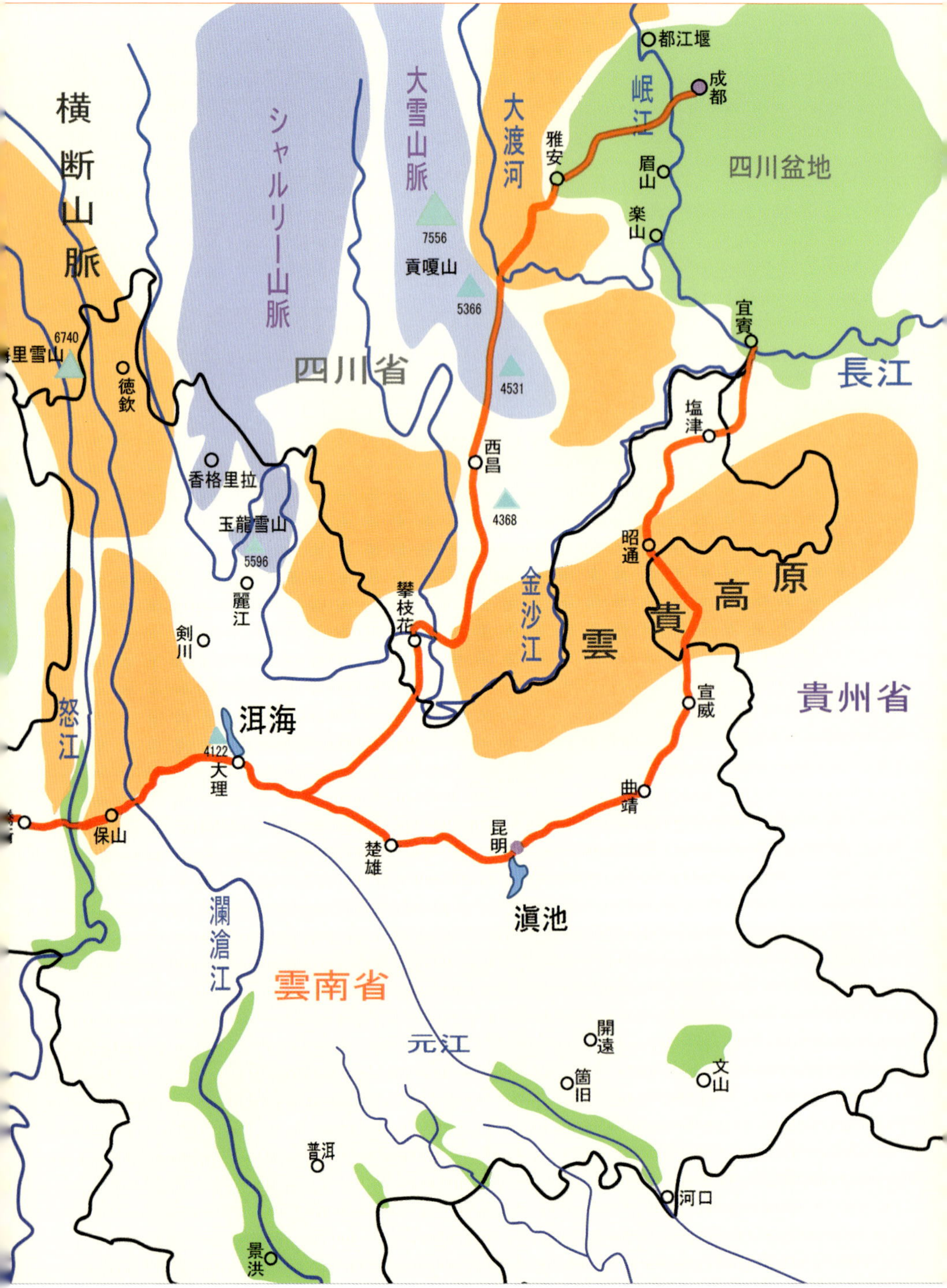
横断山脈
シャルリー山脈
大雪山脈
大渡河
都江堰
岷江
成都
雅安
眉山
楽山
四川盆地
7556
貢嘎山
5366
4531
6740
梅里雪山
徳欽
四川省
宜賓
長江
塩津
西昌
4368
香格里拉
玉龍雪山
5596
麗江
剣川
攀枝花
昭通
金沙江
雲
貴
高
原
宣威
貴州省
怒江
洱海
4122
大理
保山
楚雄
昆明
曲靖
滇池
瀾滄江
雲南省
元江
開遠
箇旧
文山
普洱
河口
景洪

西南シルクロード紀行地図

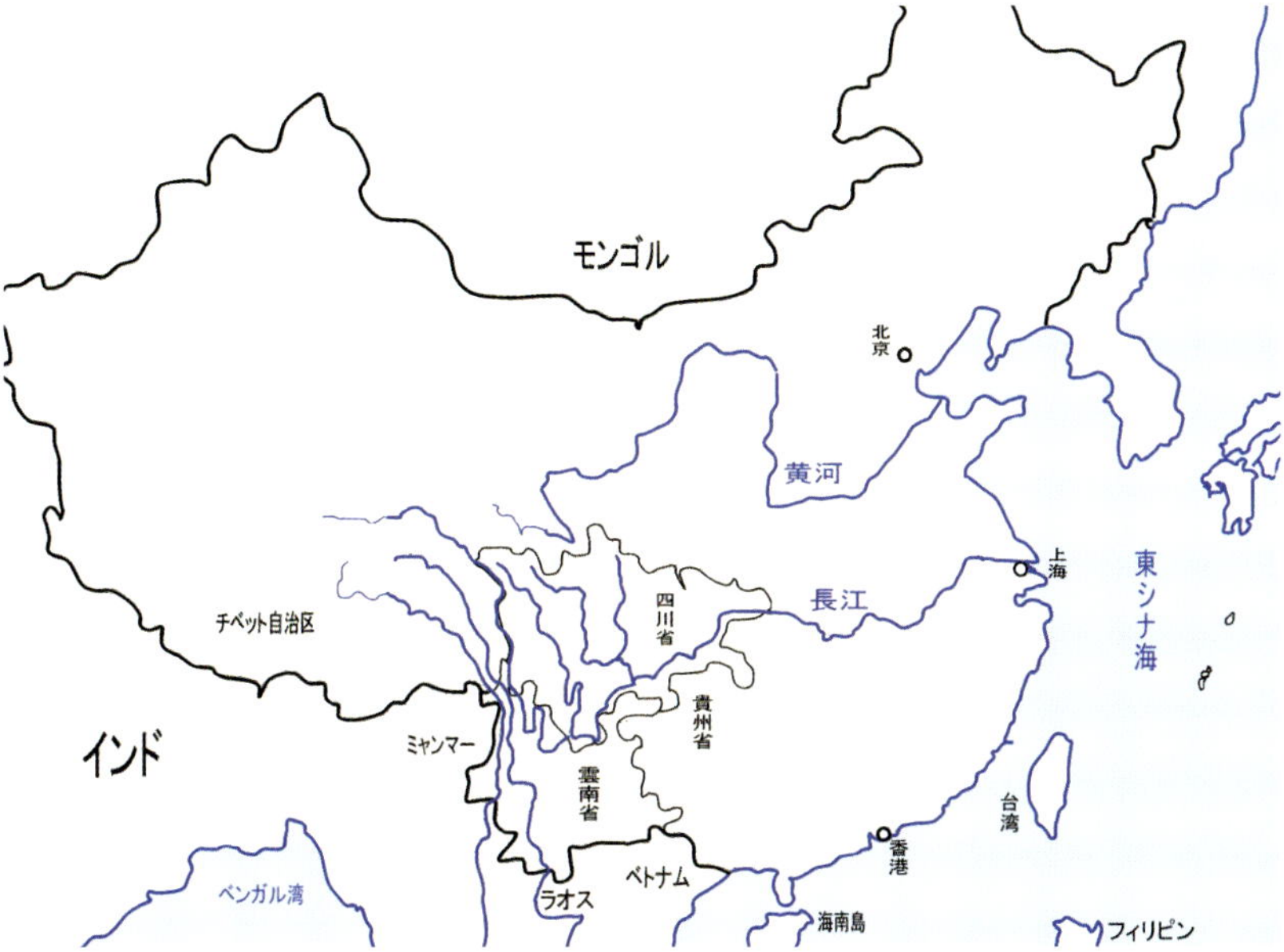

中国全図

赤線が西南シルクロードを示す▶

［装幀 デザイン］
川村易
川村きみ

［編集］
近藤高陽

西南シルクロード紀行

第一話 石寨山へ向かう

出発

「『雲南大学賓館』前に朝七時集合」というので午前六時三十分に部屋を出た。昆明での定宿・「雲南大学留学生センター」は待ち合わせ場所のすぐ近くにある。出発前に、軽く麺類でも食べていこうと考えていた。太陽はまだ昇ったばかりである。中国の西南部に位置する雲南省は初夏の六月というのに、太陽が顔を出すのは遅い。メンバーはまだ誰も来ていない。雲南大学賓館横にある小さな食堂もまだ準備中で、店の前の空き地を従業員が掃きそうじをしている。

本日の計画は省都・昆明から四十キロメートルほど南方にある「石寨山《せきさいざん》遺跡」へ行き、さらに東南へ五十キロの「李家山《りかざん》遺跡」へ向かうことになっている。参加者は私を入れて五名、それに加えて通訳の陳さんと旅行社が手配してくれた車の運転手さんの計七名。遅れ

雲南大学構内は広々として、緑が多い。太陽が昇るころ太極拳に集まる人々、子犬と散歩するひとを見かける。

た人々を待つ間、同行のAさんこと浅川秀二氏とふたりで簡単な腹ごしらえをした。七時二十分出発。

そもそも「石寨山遺跡」とは何か?

ここ昆明の近くに紀元前五世紀ごろから紀元前一世紀ごろに栄えた「滇《てん》」という国があって、今から約五十年ほど前に王の墓が石寨山で発見された。

その発掘された現場を見てみたいという物好きが五名そろったのである。

雲南の食を代表する米線(ミーシェン)。米粉の麺で、この“開遠地鶏麺”という店は安くてうまい。3元(約50円)。

石寨山への行き方

石寨山へはどう行けばよいのか、手がかりとなる地図がない。石寨山遺跡のことを最初に知ったのは司馬遼太郎の『街道をゆく(20)中国・蜀と雲南のみち』(朝日新聞社)なのだが、そのなかで司馬さんも「なにしろ私が持っているあらゆる中国地図に、石寨山も昆陽も載っていないために、関係位置の知りようがない」と嘆いている。通訳も運転手も知らない。私が日本で調べてきた『四大文明「中国」』(鶴間和幸編著、NHK出版)の書籍ガイドには、「雲南省昆明市晋寧《しんねい》県で発見された、戦国時代末頃から後漢初め頃にかけての墓地。現地までは、昆明市内からバスまたはタクシーに乗り、晋寧県で下車し徒歩三十分ほど」と書いてあった。

昆明市内で購入した雲南省の地図を陳さんに渡し、とりあえず晋寧県の中心となる晋城鎮《しんじょう》へ向かうことにした。途中、何度も車を止めて尋ねたが知る人はいない。晋城の街に着き、交通整理をしていた警官に聞いても知ら

大学構内にはリスもいる。女子学生にえさをねだる光景も珍しいことではない。

ないと言う。ようやく知っている人を捜し当てた。タクシーの運転手だった。しかし「二十元出せば教える」と言う。我々の運転手さんが車を降り、たむろしていた若いバイクの男に話しかけている。交渉成立、十元で案内してくれることになった。

下の地図を基に説明したい。石寨山は滇池《てんち》の東南に位置し、山というより、小さな丘といえなくもない。南北の長さが五百メートル、東西に二百メートル、高さが三十三メートル。滇池の岸からわずか一キロほどしか離れていない。湖上から眺めると一頭の鯨が横たわっているように見えることから、地元では「鯨魚山（くじら山）」と呼ばれている。私たちが「くじら山へ行きたい」といえばすぐに分かったのかもしれない。晋城鎮から五キロ。

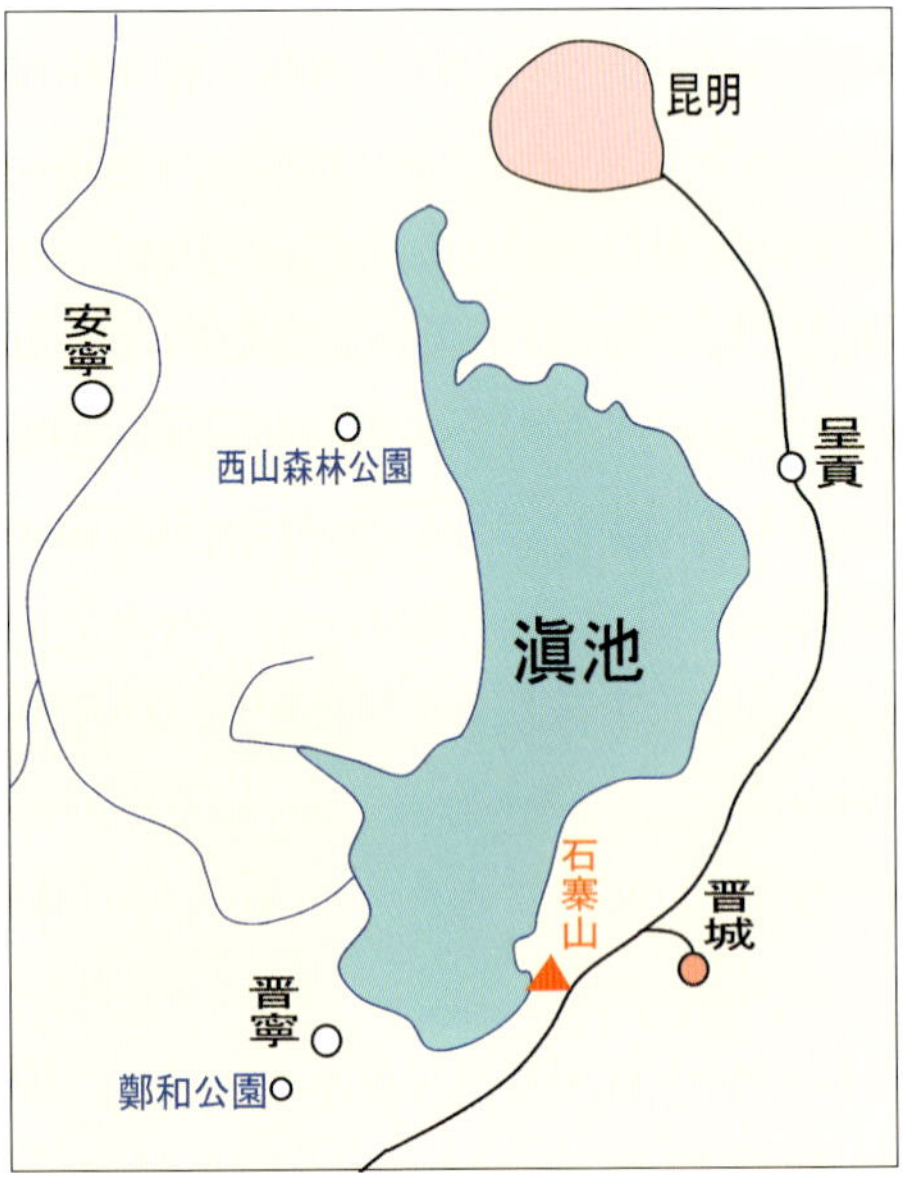

石寨山遺跡への地図

案内人との交渉

バイクの先導でデコボコ道を走る。揺られゆられて車はのろのろ走る。豚や水牛、鶏やひよこ、小さな驢馬から大きめの馬まで道を横切る。黒い山羊もいる。もちろん小さい子供たちが遊んでいる。結構長い道のりだ。徒歩三十分どころではなく、歩けば一時間はかかりそう。突然、先導のバイクが停車した。目的地の近くへ来たところで、案内人の若い男が「十元を二十元にしてほしい。そうすれば最後まで付き合う」と言っているらしい。我々は受け入れた。ふたたびデコボコ道を走り出し、これ以上車では進めないところで停車した。女たちがなにやら作業している場所を抜け、さらに細い道を二十メートルほど登る。そこに赤レンガを積み重ねた塀で囲われた相当広い墓地状の場所があった。なだらかな丘の頂上部分にあたる。正面には鉄柵があり施錠してあった。これが石寨山遺跡だというのである。なんの標識もない、にわかには信じがたい状況である。鉄柵越しに覗くと雑草が生い茂り、数匹の黒い山羊が草を食んでいた。

Aさんが塀によじ登り標識を判読し、ようやくここが捜し求めてきた遺跡であることを知る。鉄柵を開けてもらうにはどうすればいいのだろう。案内人の若者に尋ねると「管理事務所はかなり離れていて、時間がかかる。乗り越えるのが一番早い」との答えだった。

塀を乗り越えて飛び降りたところに、"石寨山遺跡及古墳群"の石碑。「山頂には新石器時代の遺跡も」とある。

塀の内部は意外に広い。放し飼いの山羊が元気に走り回っている。奥に見える小さな白いものは、"現役"のお墓。

侵入

彼の忠告に従い、我々五名と陳さんが思い思いの方法で中に入った。ひとつは塀によじ登り飛び降りるやり方、もうひとつは鉄柵を乗り越えるやり方である。私は前者。飛び降りた時、右足を少し痛めた。白髪の留学生・Hさんこと樋口兼昭氏は後者だが、鉄柵にふくらはぎを引っ掛けて傷を負った。そうした涙ぐましい努力にもかかわらず、収穫は何もないに等しかった。掘り起こされた穴に雑草が生い茂り、茶碗のかけら、ビニールのひも、そのほかゴミに類するものが散見された。小さめの穴があり、大きい穴が開いている。その向こうには新しい墓があって、「二〇〇一年」という文字が読み取れた。それらの間を黒やこげ茶の山羊が飛び回っている。

実に約二千二百年前の滇国の、もぬけの殻になってしまった王墓と現代中国の庶民の墓が同居しているのだった。注意深く探すと貝殻や土器の欠片があった。しかし、不法侵入者としては静かに退去するのがルールというものであろう。

王墓を掘り起こした跡は夏草が生い茂っていた。写真左はHさん、右が雲南科技旅行社のSさん。

石寨山から李家山へ向かう途中、交通事故でストップ。左からM、著者、陳、A、Hの諸氏。

金印

私たちが石寨山へやって来たのは、何かを探すためではない。出土品が昆明の雲南省博物館や北京の中国歴史博物館に移されていることは百も承知のうえで、滇国の都があったあたりの光景を眺めるための小旅行なのである。一九五六年からの調査により、この石寨山の六号墓から「金印」が発見されたのだ。それは篆書《てんしょ》で「滇王之印」と印刻された純度九十五パーセントの金印だった。この発見は、前漢の武帝が元封二年（紀元前一〇九年）に滇国の支配者に王印を下賜したという『史記』西南夷列伝の記載と司馬遷の記録の正確さを証明するものである、と注目された。

『史記』の記述を見てみよう。

一辺の長さが2.4センチ、高さは2.3センチ。“滇王之印”の滇の文字は、“滇池”の中に今も生きている。

つまみの部分が蛇の形状なので“蛇鈕（だちゅう）金印”と呼ばれる。他にも虎、亀、駱駝などの形があり、蛇は農耕民族を象徴している。

金印が出土した石寨山6号墓発掘現場を再現。雲南省博物館。

天子は巴・蜀の兵を出動させ二国を討伐して滅ぼし、その兵をもって滇に向かわせた。滇王は最初から漢に好意を示していたので、処刑しなかった。滇王の離難《りなん》は国を挙げて降伏し、漢の官吏を置くことと入朝することを申し出た。そこでその地を益州郡とし、滇王に王の印を授け、やはりその地の住民を支配させた。

（小川環樹他訳『史記列伝』岩波文庫）

ここで、『史記』の記述と我々の行動との関係を説明する必要があるだろう。なにしろ中国は歴史の古い国だから、今から二千年前程度の事件では珍しくもない。だって、住民の誰一人として「石寨山はどこですか？」という質問に答えられないのである。私たち五人がそろって見物に出かけて来た理由は「日本人だから」なのである。それはなぜか？

日中ふたつの金印

雲南省で出土したこの金印が、江戸時代の天明四年（一七八四年）に北九州博多湾・志賀島で偶然発見された日本の金印とよく似ているのだ。材質は二十二金で、文字の彫られた面の長さが漢代の一寸（一辺約二・三センチメートル）と同じ。押印すると文字部分が白く出る「白文」というスタイルが似ている。写真を見ればお分かりのように、「滇王之印」と「漢委奴国王」と印文も似ている。そしてつまみの部分がとぐろを巻いた蛇である

福岡県・志賀島から出土した金印。“滇王之印”は前漢、“漢倭奴国王”は後漢のもの。文献と考古学の両面で一致した。

“漢倭奴国王”の印。つまみの形が少し違うが蛇であることは間違いない。漢王朝が滇国と倭国を同一視していた証拠だろう。

（正式には蛇鈕印《だちゅういん》と呼ぶ）ところが共通している。形質、スタイルが似ているだけではない。後漢光武帝の西暦五七年に「倭奴国（の使者）が朝貢し、これに金印を授与した」と『後漢書』東夷伝に記録が残されている。つまり双方に歴史的な裏付けがあるのだ。

志賀島金印に偽造説

日本の金印は水田の溝の修理をしていた農民の甚兵衛さんが見つけたとされる。発見時の記録にあいまいな点があり、真偽をめぐる論争が今も続いている。しかし、日本の金印は教科書にも載っていて、国宝に指定されている。雲南省の金印が発掘されたことは日本の金印にとってこんなに心強いことはない。物的証拠が現われたようなものである。

北九州と雲南省は遠く離れていて、「奴国」の王と滇国の王のあいだに関連は全くない。ところが、漢という帝国を介すると深いつながりが見えてくる。不思議な縁というべきだろう。

第二話 石寨山の青銅器文化

王墓

石寨山遺跡の後、私たちは李家山遺跡へ行ったわけだが、その前にまずは石寨山から発掘された青銅器について触れないわけにはいかないだろう。石寨山の名を世界的にしたのは「滇《てん》王之印」の金印の存在があるが、同時に発掘されたユニークな青銅器群の質の高さも挙げられるだろう。一九五五年から一九六六年にかけて、考古学者たちが四度に渡って五十基あまりの王墓を発掘し、延べ四千八百点以上の青銅器、鉄器、玉器、金器を発見した。

石寨山の漢墓は前漢早期（前二世紀）から中期に渡るとされており、大変古いものである。その青銅器文化の特質は、中国の他の地域には見られない、造形的に大変ユニークなものが多い。雲南省博物館へ足繁く通い、何冊かの解説書も読み、私なりに理解した範囲内でご紹介しよう。

貯貝器

滇文化を代表する青銅器はなにかと問われれば、「それは貯貝器《ちょばいき》である」と断言できるだろう。昆明の雲南省博物館前に堂々と立つ「牛虎銅案《ぎゅうこどうあん》」が作品としては有名だが、この場合は数多くある貯貝器群全体を指す。聞きなれない名前だが、「貯貝器」とは現代の感覚で言えば「金庫と宝石箱」をあわせたようなものである。内陸部にある滇国において、富と権力の象徴は遠い南海からもたらされた子安貝《こやすがい》(タカラガイ)であった。その財産を貯えるためにつくられた青銅容器が貯貝器なのである。

貯貝器がユニークなのは、金庫そのものよりも宝石箱の飾り付けの部分にある。胴体上部の蓋に、当時の滇国の社会状況が立体的に活写されているのである。例えば、残忍な奴隷狩りの光景がある。豊作を祈る盛大な儀式が展開されている。物売りの声が聞こえてくるような賑やかな市場の風景がある。牛や豚を解体して大きな鍋で調理しており、一方では屋内で女主人が役人たちと宴会している。戦争のシーンも迫力がある。女たちが織物を織っている。

滇国には文字がなかったのか、現在のところ発見されていない。にもかかわらず、貯貝器の蓋の上はデフォルメされた群像が舞台で演じているようにリアルで、立派な歴史資料となっている。

バックル

貯貝器とともに特筆すべきものが「バックル」のデザインである。服装の留め金に用いたのだろう、縦が八〜十センチメートル、幅は十二センチくらいのものが多い。牛、虎、孔雀、蛇、羊などの身近な動物を立体鋳造している。十数種類にのぼるさまざまな民族の髪型や民族衣装を細かく区分して描いていているのも驚きだ。観察の鋭さもさることながら、

子安貝

4匹の牛と金メッキ貯貝器

高度な鋳造技術に支えられている。

二千年以上も埋もれていたので錆も認められるが、優れた意匠は二十一世紀の今も輝いている。特に「動物闘争文様」といわれる一連の作品は迫力がある。大きな豚に二匹の虎が襲いかかり、さらに虎の尾に蛇が噛み付いている構図。この躍動感、力と力の激突、文字通りの死闘。この瞬間を巧みにとらえ造形する力量は見事というほかない。

デザインの決定者は?

このデザインを決定したのはどのような立場の人物なのであろうか。鋳造した技術者、職人たちの腕前も並々ならないものがある。作られた時代は紀元前、同時期の黄河流域や長江中下流域の青銅器とは明らかに違った技術なのだ。司馬遼太郎は「どこか西方の視覚の影響がある」(『街道をゆく(20)中国・蜀と雲南のみち』)といい、白川静は「スキタイ系かと思われる」(『中国の神話』中央文庫)という。

スキタイとは、はるか西方の南ロシアから黒海北部に強力な遊牧国家を築いていた騎馬民族で、紀元前七世紀頃

2匹の虎が大豚に噛みつくバックル

から紀元前三世紀にかけて栄えた。そのスキタイ文化の特徴のひとつに「動物闘争文様」がある。ここ中国の雲南省と南ロシアはあまりにも遠くかけ離れているのだが。

奴隷を吊るした矛

下の写真は、裸の男ふたりが吊るされている矛である。後ろ手を縛られた捕虜の男根と垂れ下がった髪がリアルだ。ただし矛に武器としての実用性はなく、宗教儀礼に用いられたものである。この作品の奴隷は現在の大理地方を根拠地としていた「昆明人」であったと思われる。なぜなら、『史記』西南夷列伝に「昆明人は髪を弁髪《べんぱつ》に結う」との記述があるからだ。滇国は奴隷制社会だったようで、周辺の民族を侵略する過程で捕らえた捕虜を幾つかの階層に分けていた。農業や畜産の仕事に従事させられる者たち、紡績をさせられる女奴隷、あるものは祭祀の生贄となり、あるものは奴隷主の墓に殉葬された。

『戦争場面鍍金《メッキ》貯貝器蓋』

直径三十センチの蓋のみが発掘された。奴隷を獲得するための侵略戦争、つまり「奴隷狩り」である。兜をかぶった

吊るされた奴隷の拡大写真

奴隷を吊るした矛

加害者側と逃げまどう被害者側、中央には馬に乗った指揮官がいて、金メッキを施してある。イラストを見るとはっきりするが、彼は切断された人間の首をぶら下げている。

もうひとつ、武人の左足のところに縄状のものが見えないだろうか。雲南省博物館の説明によれば、「中国はもとより、世界の歴史上初めて現れた『鐙《あぶみ》』だと思われる」とのことである。この貯貝器は前漢時代（紀元前二〇六年～後二十五年）のものだ。

「あぶみ」という馬具の歴史は、『平凡社百科事典』によると、

・片側だけの革などの輪の存在が紀元前四世紀のスキタイその他で推定されている。
・あぶみの発明につながる可能性が強いのは四世紀初めの晋墓から出土した騎俑《きよう》の左側だけに見られるあぶみ形の表現である。
・中国における最古の実例は、桑の木で輪をつくって金銅板を張った輪あぶみ、五世紀初めの墓から出土。
・ヨーロッパで五六〇年ころ初めて現れた輪あぶみは金属製であった。

という。

この貯貝器の蓋は、滇国では日常的に戦争と流血が繰り返されていたこと、騎馬民族の風習を早くから取り入れていたことを伝えている。

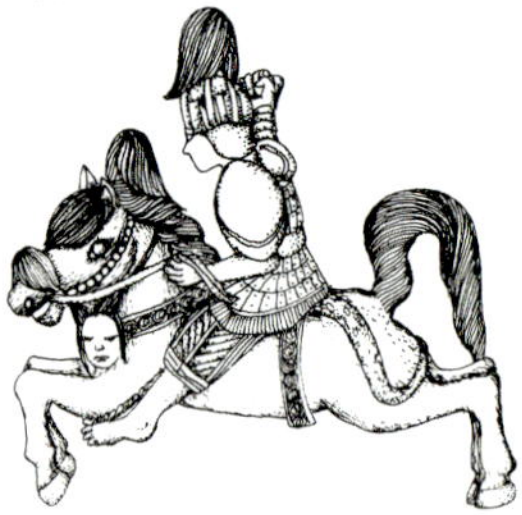

上／あぶみ。左足に注目　下／戦争場面鍍金貯貝器蓋。直径30センチ

『殺人祭り』

ものすごいネーミングの貯貝器。奴隷を神へのいけにえにして豊作を祈る儀式のことである。人間を殺害して、その首と血で神を祭るとその年の豊饒を約束してくれるという信仰は、中国を始め東南アジア、日本もふくめた稲作民族に共通してみられるものである。ここでは盤上に二つ置かれている楽器の銅鼓《どうこ》に注目していただきたい。滇文化では見逃せない大きな特徴のひとつで、祭祀活動、戦争の指揮、部族集会の召集などに用いられ、重要な役割を持っていた。写真では誇張されていて大き過ぎるが、雲南省博物館に展示されているものは高さ五十センチ、直径六十八センチくらいである。

　アップの写真は角度を変えて写したもの。高さ九センチの円柱が立ち、二匹の蛇が柱に巻きついている。蛇は冬眠して、春になると動き出す「再生」のシンボルである。その右に乳房の大きな裸体の女性が立て板に縛られている。彼女が祭祀の主役で、犠牲として殺される運命にある。

『二人皿踊り』

金メッキした飾りもので、二人とも手

上／下　殺人祭り貯貝器

に皿をのせて踊っている。滇国では、なにも持たないで踊ったり、あるいは刀や矛を持って舞うことが多く、皿を両手に持って踊るケースは珍しい。踊る男たちの鼻が高く、彫りも深い。説明に「雑技」とあって、どうやらインドやイランなど西方から来たサーカスらしい。漢の時代、中原では西域の音楽や舞踏が大量に輸入された。しかし、当時の滇国は中原から遠く離れており、中原からでなく「西南シルクロード」を通って雑技文化が浸透したと考えられる。

二〇〇八年九月、函館市で「北海道で初めての国宝」として話題を呼んだ土偶を見た。我々が知っている代表的な土偶や埴輪よりも表情に豊かさを感じたが、いずれにしても日本の場合は静的であり、中国の秦漢時代の出土文物も静的な印象が強い。それに比べて滇文化はまさに動的、動きの瞬間を冷凍保存してしまう。「動物闘争文《もん》」といい、「皿踊り」といい、デザイン感覚と同時に技術が素晴らしい。

日本の土偶

二人皿踊り

『祭祀用貯貝器』

出土した青銅器類のなかで最優秀品といわれる。漢代晩期に至り滇国社会が成熟すると祭祀儀礼がさらに複雑化する。直径三十二センチの貯貝器の蓋の上部に、総勢百二十九人の人物といろいろな動物が集合して、大規模な祭祀が行われている。その全景が巧みに表現されているのである。芸術的価値よりも資料的価値が高く評価されたのだろう。

滇国の「卑弥呼」か

高床式建物が設けられ、その中心に祭祀をつかさどる女性シャーマンが椅子に座っている。滇国の「卑弥呼」といっていいだろう。高く結った髪、貝の耳飾り、両腕に玉の腕輪、お腹のあたりに帯止め。彼女の前に正座した高官が八名、支配者九名で食事をするところだ。軒先には大鍋が置かれていて、屠殺された牛と羊が横たわっている。

『殺人祭りII』

二つの大型銅鼓のあいだに、磔《はりつけ》にされた全裸の男性が縄で縛られている。さらにもうひとつ、円柱に大きな蛇がからまり、人間を半分ほど飲み込んでいる。

祭祀用貯貝器。建物の中心に女祈祷師が座っている。

上右／2匹のかわうそが魚を追い詰めている矛。突き刺すための武器だった矛も宗教儀礼の道具に変化した。
上左／鼠をくわえた豹の銅矛。豹が立っている部分に楕円形の穴があり、柄を差し込む構造になっている。
中／古代の武器の一種・まさかり。高さ14.5センチ。猿が蛇をくわえた飾りがついている。
下／刃の部分がカットされていて見えないが斧である。左端に朽ち折れた木の柄が残っている。石寨山近くの羊甫頭遺跡から出土したもの。

上右／雲南地方から出土した銅鼓の中では最も美しいとされる“船紋銅鼓”の文様。直径68センチとかなり大きい。
上左／バックル。中央に玉、その周囲に孔雀石、外側には15匹の狐が配置されている。
左／剣を収める鞘。長さは49センチ。金製。最高権力者のものだろう。

上／両手と頭部に灯り用の皿を持つ俑。高さ42センチ。
左／持っていた傘が脱落してしまった女性俑。高さ28センチ。

第三話 李家山頂の桃

南へ

雲南省の省都・昆明市は標高千八百九十一メートルの高原都市である。一月の平均気温が八度、七月の平均気温が二十度と穏やかで「春城」、つまり「一年中、春のような街」と呼ばれる。市の南には「滇池《てんち》」という湖がひろがり、さらに南には「撫仙湖《ぶせんこ》」、「星雲湖《せいうんこ》」などが連なっている。

滇池湖畔にある石寨山を後にした私たちは、星雲湖湖畔にある「李家山遺跡」を目指して山道を走っている。途中、自動車事故があって足止めをくらったが、幸いにも三十分程度で解決。ふたたび車は走り出す。

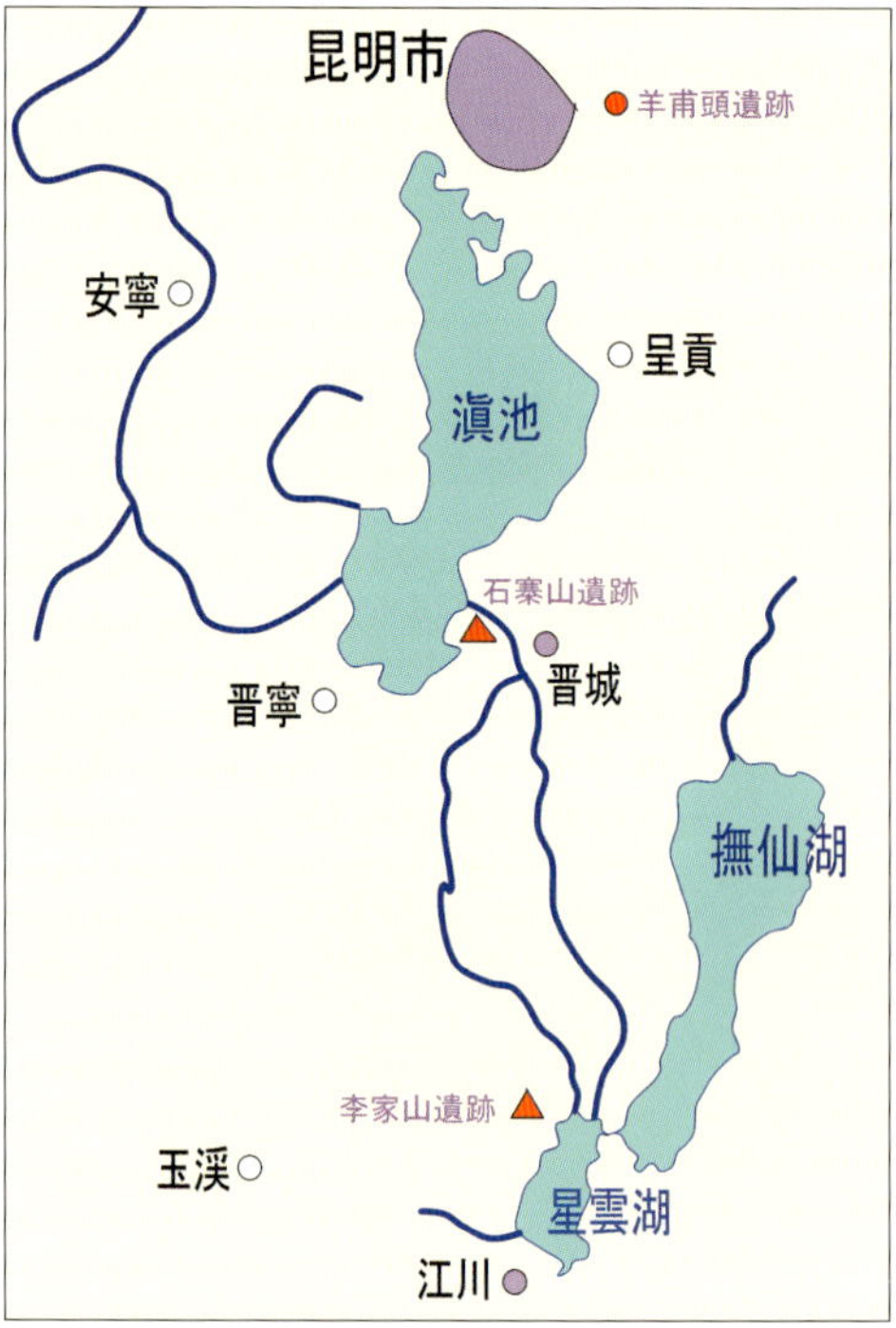

石寨山・李家山遺跡の地図

田園風景のなか、道路は広く快適だ。途中、車を停めて「李家山遺跡は知りませんか？」と尋ねること数回、ほどなく判明した。日焼けした老人が小高い丘を指差し、そこに到る道も正確に教えてくれた。近くまで行くと「李家山遺跡、ここより六百七十メートル」という立派な石碑があり、真新しい階段が設けられていた。

山頂

石寨山の塀から飛び降りたときに右足のかかとを痛めたらしい。ゆっくり階段を登る。ヘビースモーカーのHさんが遅れている。ようやく頂上にたどり着いた。麓から百メートルほどの高さか。頂上は平地になっていて、いくつか発掘された穴が残されている。穴の周りは木の柵が立てられており、発掘された主な副葬品の写真が掲示されている。

前の石寨山の場合とは違って「李家山遺跡管理事務所」があり、係員がひとりいた。入場料はひとり一元。四十歳くらいの係員が説明してくれた。発見のきっかけは、「農作業中に牛が見つけた」のだという。客はめったに来ないらしく、退屈していたのだろう。向かいにある小高い山は、昔は樹木が生い繁っていたが、

墓によって大きさが違う。深さ4.5メートルの穴があいたままの状態で残されたもの。傍らに“李家山古墳群”の標識。

穴の周りは舗装され、自由に覗けるようになっている。底には雑草が生えていた。後方に星雲湖がかすかに見える。

李家山69号墓の案内図。祭祀貯貝器や紡織貯貝器など、前漢時代の実生活を生き生きと立体的に描写している。

毛沢東の大躍進運動の時に大量に樹を切り倒してしまい、段々畑になってしまった、植えているものは主にタバコだとか、陳さんが通訳する暇が無いほど喋りまくるのだった。

星雲湖

ひと通り喋り終えた係員は「さあ、休んでください」と、みんなに小さな椅子を勧め、紙コップに湯を注いでくれた。私はその場を離れて、水田の向こうに見える星雲湖を眺めた。左手の緩やかな丘陵には森林があり、田植えを終えたばかりの田園風景の果てにゆったりと湖水がひろがっていた。二千年前もこの光景は変わらなかったに違いない。むしろ、昔のほうが樹木は多く、森は深かっただろう。野獣とともに多くの小動物たちがいて、たくさんの魚がいた。田や畑は二毛作ができるほど恵まれた自然環境で、稲作に必要な水資源も限りなくある。ここには豊かさの条件が全部そろっていた。はるかな古代を思う。

李家山の隣りにある山。大躍進政策によって裸にされた。二千年前には野獣や小動物がいたに違いない。

桃の実

陳さんの声が聞こえた、「桃を自由にもいで、食べていいそうです」。事務所の傍らに果樹があり、実がなっていた。小さめの桃である。色付いた実を二、三個探した。用意してきたナイフで皮をむく。果肉は硬く、熟しているとはとてもいえないが、それなりに野趣があっておいしい。日本の果物屋で見る桃は品種改良を重ねた結果、大きく柔らかで、甘い。この桃は、日本のそれの四分の一にも満たない小さな実である。渋みのあるほのかな甘さは、二千年前の桃の味を思わせた。

遺跡

三十二ページの地図を見てみよう。江川県は玉渓市の東に位置していて、江川の県城から北へ十五キロのところに李家山がある。この李家山の山頂で古代の墳墓が発見されたのは一九六三年のこと。雲南省博物館による第一次発掘は一九七二年に行われ、主に滇国の王族階級の墓二十七基が確認された。いずれも長方形の竪穴土坑墓で、青銅器、鉄器など千三百件の副葬品（このうち八百件以上は青銅器）が出土した。さらに一九九二年にも五十八基、二千件以上の副葬品が発見された。これらの発掘調査によって、青銅器の主な製作年代が春秋時代中・後期（前五世紀ごろ～前四〇三年）から戦国時代を経て前漢（前二〇六～後八年）時代初期まで、およそ五百年に渡ることが判明した。

一方、午前中に訪れた石寨山から出土した青銅器の出土年代は、前漢武帝の時代（前一四一～前八七年）から前漢の末年ごろ、すなわち紀元前二世紀半ばから紀元一世紀初頭に集中していた。つまり、李家山遺跡の出土文物が減少した直後に、石寨山遺跡の出土文物が増加していることが分かる。

このことから「滇国の当初の王都は江川県にあり、後に滇池湖畔の晋寧県に遷都した」とする説が生まれた（鳥越憲三郎『古代中国と倭族』中公新書）。確かにそうかもしれない。しかし一般的には李家山遺跡からの出土品も含めて「石寨山の文化」、「滇国の青銅器」と総称しているので、厳密な区分は避けたい。

二十四号墓

ここで私たちが訪れた李家山二十四号墓から出土した四点の青銅器をご紹介したい。

埋葬方法の説明図もある24号墓案内板。有名な“牛虎銅案”や“立牛傘蓋”などもここで発掘された。

「牛虎銅案《ぎゅうこどうあん》」は数千点にのぼる滇国青銅器の中でも逸品中の逸品である。「案」とは現代中国語でテーブルやお盆の意味だが、古い時代には食事を運ぶのに用いられたお盆を指した。高さ四十三センチメートル、幅七十六センチと大きく、銅製なので重い。「祭祀の供物」用に使用されたものかもしれない。虎に襲われた親牛が、耐えて子牛を守ろうとしている図。スキタイの動物闘争文様では、馬の背中に噛み付く獅子の図が見られる。この銅案はアメリカ、フランス、日本などに「海外出展」され、世界的にも知られている。現在、雲南省のシンボルになっており、巨大なレプリカが昆明市の雲南省博物館や江川県の李家山青銅器博物館の入り口に堂々と飾られている。

『立牛傘蓋』

滇王国が成立したのは紀元前五〇〇

牛虎銅案。紀元前500年ごろのものとは思えない技術とデザイン。

年ごろだと考えられるが、その生産様式はすでに家畜の飼育へと移行していた。その中心が「牛」であった。時代が下るにつれ虎、鹿などいろいろな動物が登場するが、滇人の民族精神の象徴として牛は絶対的な存在だったようだ。李家山遺跡では牛の立体的装飾が多く見られる。農耕する牛、雄雄しく立つ一頭の牛、牛の群れ、祭祀で犠牲にされる牛、虎に襲われる牛。ここでは容器の蓋のうえに立っている。高さ十六センチ、直径四十三センチ。お盆か容器の蓋だけが残ったもの。取っての部分に穴がふたつあり、木製の柄がついていたらしい。

『五牛枕』

机ではないかという見方もあるが、出土したときに埋葬者の頭の下にあることが多く、枕とする説が支配的である。滇文化に特有の青銅器で、李家山から六

五牛枕。高さ15.5センチ、幅50センチ。戦国時代のもの。

細長い筒の上に鹿が立っている。

立牛傘蓋

件、石寨山から四件出土している。両端の高いところに牛が立つデザインが基本形で、中央部分が模様だけのシンプル型、浮き彫りの牛が三頭型、それぞれの牛に虎が噛み付いている型の三パターンがある。この写真はあまり鮮明ではないが、三匹の虎が牛の頭部に噛み付いているタイプである。

『紡織貯貝器』

滇国では、農業、牧畜、冶金などの生産技術が発達していたのに比べ、紡績の技術は大分遅れていた。研究者によれば「新石器時代とそう変わらない程度だった」（張増祺『滇国与滇文化』雲南美術出版社）という。工具では綿糸をつむぐ輪の道具と「腰機《こしばた》」しか出土していない。下の写真は、六十九号墓から出土した前漢時代の機織り風景である。直径二十四センチの蓋の上に登場する人物は十名。中央の金メッキを施された女性は紡績の監督であろう、従者が傘を持ち、ひとりが弁当箱を差し出している。残りの女性たちは懸命に機織りをしている。

石寨山遺跡からも「紡織貯貝器」は出土している。こちらは構造がより複雑化し、人物も十八名と増加しており、男性が加わってくる。糸を紡ぐ人、布を織る人、成品を検査する人、執事、全体の監督など機能が分化している。しかし工具の発展

紡織貯貝器

は見られない。紡績原料はほとんどが麻と木綿であった。

腰機

前方へ足を伸ばし、足先で経糸《たていと》保持板を押さえ、腰の前で糸を循環させる工具を「腰機《こしばた》」という。この二千年前の工具が雲南省の奥地では現在も使用されていた。下の写真は二〇〇五年十一月、西双版納《シーサンパンナ》タイ族自治州景洪《けいこう》市のジノー族山民族郷を訪れた時、ジノー族の女性が使用していたものを撮影したものである。

雲南省博物館

二〇〇六年七月にリニューアルオープンした雲南省博物館は、中国では優れて新しい博物館だと思われる。例えば「牛虎銅案」はあらゆる角度から眺められるように展示されており、そのうえ撮影すら許される。拡大したレプリカも用意して、分かりやすく解説している。貯貝器の蓋のうえの人物像はあまりにも小さいからだ。専門家や有名人は特別なルートを通じて、係員に詳しい説明を受ける。そして撮影する。しかし一般見学者はそうはいかない。このレポートをお届けできるのも雲南省博物館のおかげである。

昆明の雲南省博物館

腰機（こしばた）を使用するジノー族の女性。2005年11月撮影。

上／容器の上には五匹の牛。裁縫用具入れと思われる。竹製の針、糸巻き板、糸などが残されていた。戦国時代。
右／古代の兵器・まさかり。円形の部分が刃になっている。取っ手に動物の飾り。

司馬さんは石寨山遺跡を見たか？

「石寨山遺跡」と「李家山遺跡」をめぐって昆明に帰る途中に考えた。司馬遼太郎『街道をゆく(20)中国・蜀と雲南のみち』がきっかけで、私が石寨山遺跡を見る旅を始めたことはすでに述べた。この本を何度も読み返すことになるのだが、司馬さんが石寨山へ行ったのか、それとも行かなかったのか、定かではないのである。現地に立つことを重視する司馬さんが行けなかったのか、行っても記述するに値しなかったので触れなかったのか、どうしても確かめたいと思った。

それが朝日新聞社編『司馬遼太郎の遺産・街道をゆく』(朝日新聞社)を読んで判明した。

雲南への旅に同行した考古学者の森浩一氏がこのあたりの事情を書き残している。司馬さんは午前のスケジュールには参加せず、体力の温存と取材のメモの整理に当てていたらしい。前の日に雲南省博物館で石寨山遺跡からの遺物を見て「すごく興奮をした」森氏と国立民族学博物館の松原正毅氏が、どうしても石寨山遺跡を見たいと言い出した。行ける事になり、翌朝、「寝てるはずの司馬さん」がホテルの玄関に現われ、森、松原の両氏を見送ったのである。

酒つぼ。古代の祭祀には必ず飲酒儀礼が伴っていて、器の種類も多い。

ひょうたんの形をした楽器・笙(しょう)。高さ28センチ。戦国時代。

第四話 西南シルクロードとはなに？

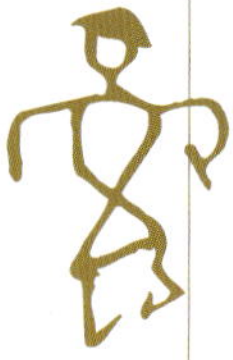

「『シルクロード』は知っているが、『西南シルクロード』は初めて聞いた」という方がおられるかもしれない。確かに、この語は使われ始めてほんの二十数年しか経っていない。しかし、その古い道路というか、交易のルートは、実に二千二百年以上前から存在しているのだ。「西南」について論証する前に、まず「シルクロード」の概念を、私の体験をふまえて考えてみたい。

「シルクロード」

「広義のシルクロード」とは、この上もなく優雅で上質な絹の生産地だった古代中国と、それを愛でてやまない王侯貴族のいる一大消費地・ギリシア、ローマを結ぶ交易の道を指す。この交易路は一本ではなく、無数に存在する。中国の北方から南ロシア方面へ騎馬民族が往来したルートを指すこともあるし、中国東南部の港から海路で東南アジア、インド、アラビア半島を通ってヨーロッパへ向かうルートを指すこともある。また、かならずしも「起点が中国で終点がギリシア・ローマである」とは限らず、運搬される物品が絹のみであるはずはない。むしろ局地的な往来を主とし、それらのルートが積み重なって形成されていた道だと考えた方が自然だ。

もともと「シルクロード」とは、十九世紀にドイツの地理学者・リヒトホーフェンによって命名されたことばで、現在の中国陝西省から甘粛省、新疆ウイグル自治区を経てキルギス、タジキスタン、ウズベキスタンなど中央アジア諸国へ至り、西アジア諸国へと抜けて行く交易路を指す。

「狭義のシルクロード」は、古都長安《ちょうあん》、すなわち現在の西安《せいあん》を発し(二〇〇七年に中国政府は「シルクロード」の起点を「洛陽《らくよう》」と指定)、武威《ぶい》、張掖《ちょうえき》、酒泉《しゅせん》、敦煌《とんこう》などの漢族都市群、いわゆる「河西回廊《かせいかいろう》」を経てから玉門関《ぎょくもんかん》を出る。

ここでルートが大きく三路に分かれる。

天山山脈の南側に入り、ハミ、トルファン、クチャなどタクラマカン砂漠内のオアシス都市を伝って中央アジアへ抜けるのが、「天山南路《てんざんなんろ》」である。

現在のウルムチ付近から天山山脈の北側を通り、イリ川沿いのステップ地帯を通る「天山北路《てんざんほくろ》」や、ホータン、ヤルカン

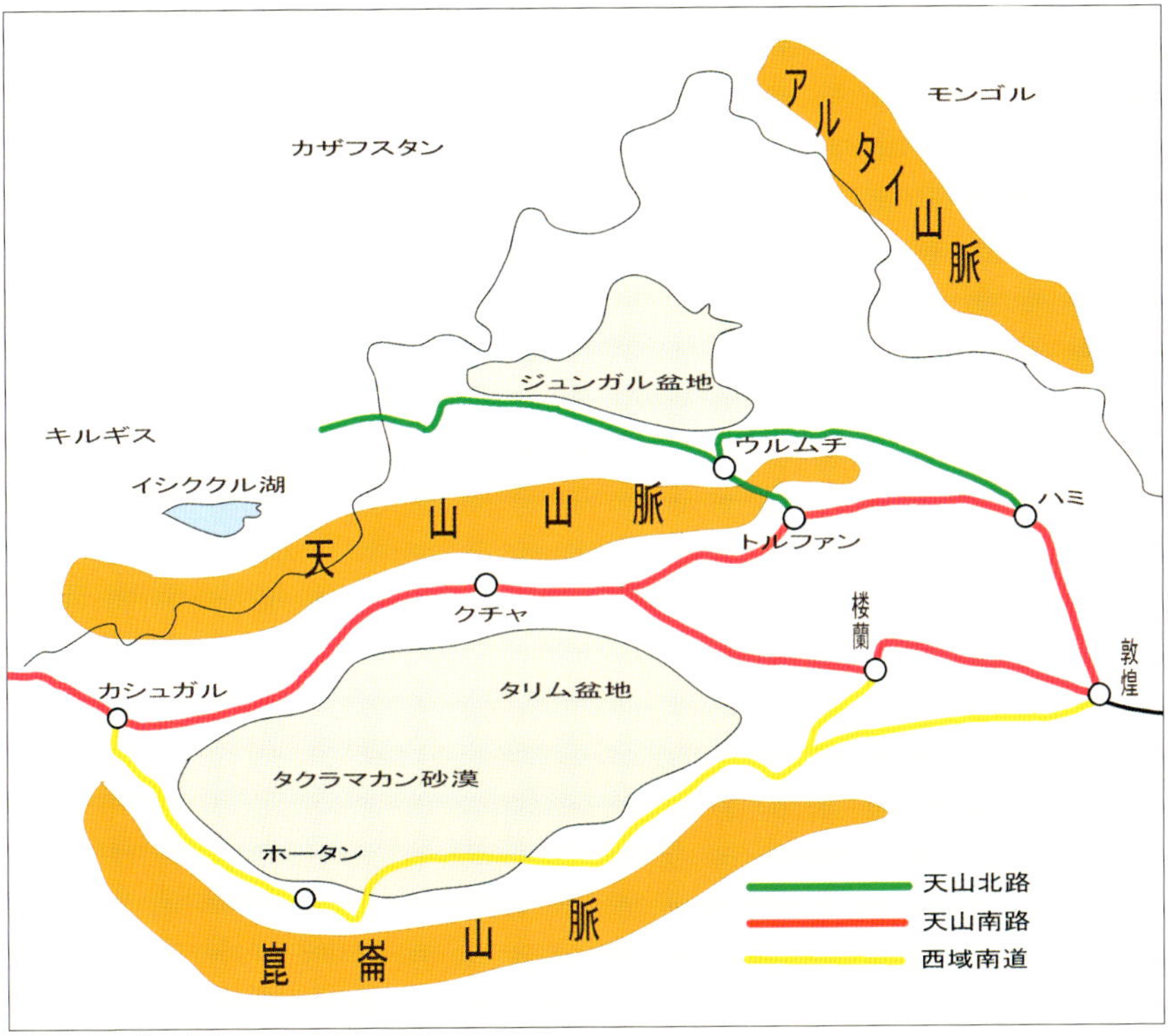

“シルクロード”の地図

ド、タシュクルガンなどタクラマカン砂漠の南のオアシス都市を伝ってパミール高原へ出る「西域南道《さいいきなんどう》」もある。

一般的な「シルクロード」とは、以上の三ルートを含んだ総称といえるが、その中でも「シルクロード」のムードやイメージを大きく持っている道は、「天山南路」ではないかと思う。ルートの確定など細かいことは、専門家に任せておけばよい。

なお、前述の「広義のシルクロード」中に出てきた海路のルートを「海のシルクロード」と呼ぶ場合があることは、皆さんご承知のとおりである。

砂漠の中

私の考えるイメージの「シルクロード」すなわち「天山南路」は、私自身の体験と大きく結びついている。

私は、「天山南路」を三年間で二千キロメートル、自転車で走ったことがあるのだ。一九九四年に蘭州から張掖までの五百キロ、翌年には引き続き張掖から敦煌まで六百五十キロ、そして三年目の一九九六年に敦煌からトルファンまで八百キロ走破した。私たちが走った「シルクロー

これがオアシスの中を通るシルクロードの典型的な光景である。

『西遊記』に登場する燃える山・火焔山を右に見ながら走行する。筆者（左から2番目）1996年8月。「地球と話す会」主催。

ド」は砂漠の中を通る舗装道路である。その昔、駱駝の背に荷物を積んでオアシスからオアシスへと辿った古道はすでになく、路線バスや荷物を満載した大型のトラックが間断なく続いていた。時代や形こそ違え共通するのは、商業や産業を支える大動脈としての「シルクロード」である。もう今から十五年ほど前になるが、高速のバイパス道路や有料道路が盛んに建設されていた。

「西南シルクロード」の登場

さて、ここでようやく「西南シルクロード」の登場となるが、その存在を知らしめたのが前漢の西域開拓者・張騫《ちょうけん》であり、それを記録したのが、『史記』を著した司馬遷《しばせん》である。『史記』西南夷列伝を見てみたい。

元狩《げんしゅ》元年(紀元前一二二年)、博望侯《はくぼうこう》の張騫が大夏《バクトリア》に使者として赴き、帰ってくると、「大夏におりましたとき、蜀《しょく》でできた織物と邛《きょう》の産物の竹の杖を見ました。その由来を訊ねさせますと、『数千里ほど東南にあります身毒国《インド》からもって帰ったもので、そこにある蜀の商人の店で買いました』と答えました。邛の西方二千里ほどのところに身毒国があると聞きました」と申しあげた。

（小川環樹他訳『史記列伝』岩波文庫）

シルクロードと万里の長城が接近する河西回廊。風化した長城での撮影。筆者右。1994年8月。

この年は人気の高い敦煌が終点とあって、参加者は40名を越す。中学生から69歳までが全員無事にゴール。1995年8月。

西南夷の地図

紀元前三世紀ごろの四川、貴州および雲南地方、いわゆる「西南夷」と言われた地域の古代地図を改編、作成した。秦漢時代の概略図である。参考にしていただきたい。蜀の国は四川省の成都を中心とした地域であり、邛都は四川省西昌市あたりにあった部族国家である。

張騫の報告

張騫は長安を発ち「天山南路」を通り抜けようとするが、当時漢と戦争状態にあった匈奴によって身体を拘束された。数年後に逃げ出して、大月氏《だいげつし》（現在のアフガニスタン北部）まで苦労の末にたどりつく。彼は自分こそが初めて、今までとは全く異なる世界に

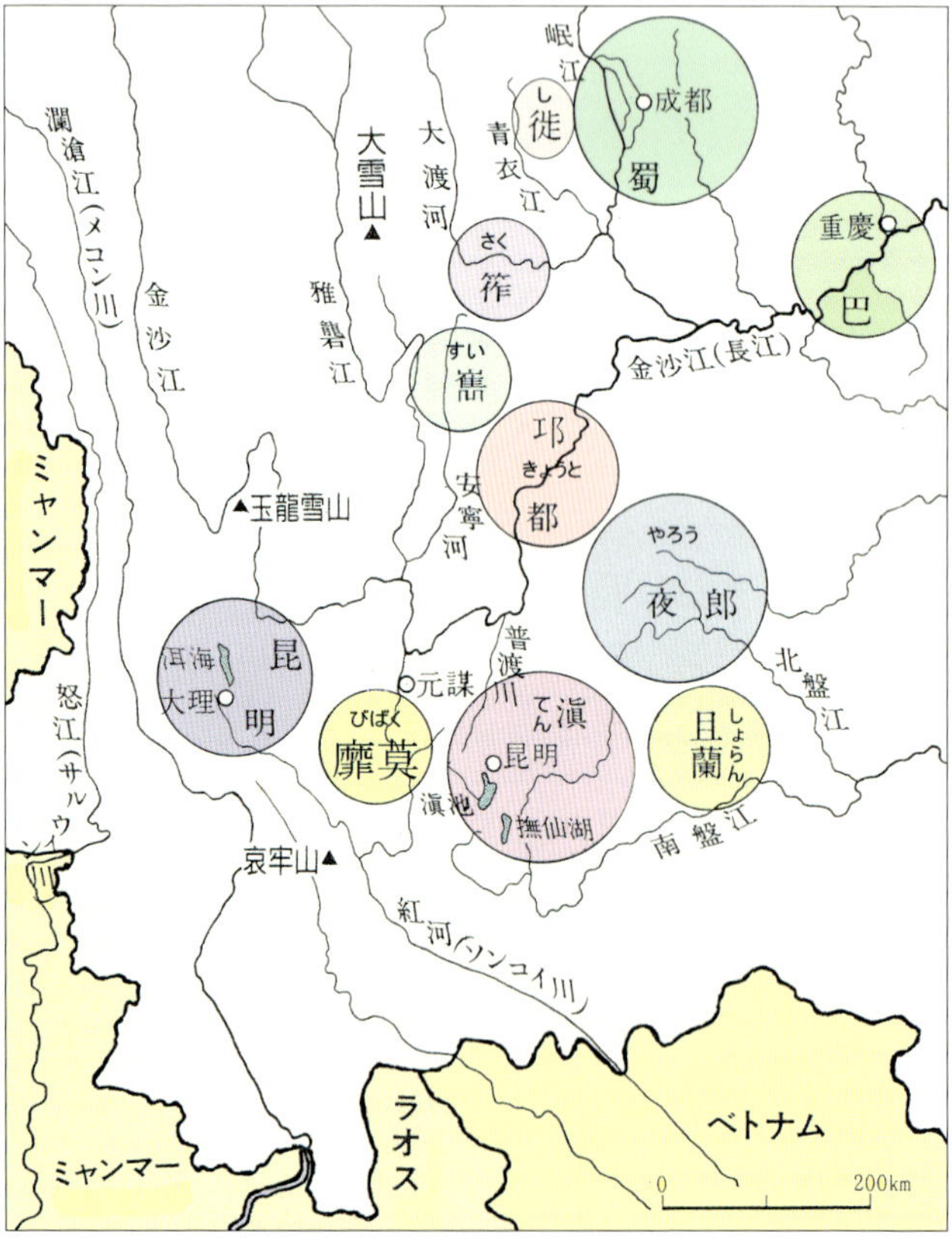

“西南夷”の地図。鳥越憲三郎『古代中国と倭族』を改変。

到達したと考えたに違いない。ところが何と、蜀の物産がすでに運ばれていたのである。しかもインドには蜀の商人の店まであるというのだ。出発してから十三年も経過した後、ようやく長安へ逃げ帰って武帝に報告したのが紀元前一二二年のこと。それ以前に、現在の四川省〜雲南省〜ミャンマー〜インドを結ぶ「絹の道」が存在していたのは間違いない。このルートは途絶えることなく細々と続き、ときには世間に忘れ去られながら、ある時突然浮上することになる。

三星堆

一九八六年夏。成都市から北西へ約四十キロ離れた四川省広漢《こうかん》市三星堆《さんせいたい》村で、四川大学の考古学調査隊による発掘が行われた。発掘作業を終えた彼等が引き上げた三日後、地元のレンガ工場の彩土工事をしていた一台のブルドーザーが、考古学調査隊による発掘現場からわずか数十センチメートルしか離れていない場所にあった「宝の穴」を掘り当てることになる。世紀の大発見の瞬間だった。いわゆる「三星堆文明」がよみがえったのである。

上／青銅面具。高さ26センチ、幅41センチ。このように眼を大きく、誇張してある仮面が圧倒的に多い。なぜだろう。
右／黄金マスクをつけた青銅頭像。三星堆遺跡の出土物の中で特に注目を集めているのが、金製品の形と量の多さ。

眠りから覚めた「西南シルクロード」

「三星堆文明」の発見後、中国史では脇役でしかなかった蜀の国にスポットライトが当てられることになった。翌一九八七年、中国で「わが国の西南部と外国を結ぶ通商の道として『西南シルクロード』があった」とする説が大きな話題となった。それに前後して、四川省の一学徒・鄧廷良《とうていりょう》が、「三星堆の発見に励まされ、大変な勇気と志を抱いて」成都から単独で調査行を開始した。一九八六年十一月のことである。彼はさらに重慶市の西南師範大学(現・西南大学)の協力のもと調査を行い、一九九一年八月、『謎の西南シルクロード』(王矛、王敏訳、原書房)を出版した。ほぼ同時期に孔健『秘境・西南シルクロード』(学生社)が出版された。以上が日本で出版された、中国人による資料である。

一九九六年、明治学院大学探検部が「日中合同西南シルクロード調査隊」を組んで四川省のルートを一ヶ月間歩き通している。また、高野秀行『西南シルクロードは密林に消える』(講談社)が出版されるなど、日本でも「西南シルクロード」が注目されるようになってきつつある。これは学術書だが、東京外国語大学アジア・アフリカ言語文化研究所編『四川の考古と民俗』(慶友社)にも詳しい。

「西南シルクロード」の地図

ふたつの資料をもとに「西南シルクロード地図」を作成した。ひとつは鄧廷良の略図、もうひとつは中国で出版された学術書『古代西南絲綢之路《シルクロード》研究(第二輯)』(江玉祥編、四川大学出版社)からの概略図である。前者は、地図に関して言えば実に荒っぽい。誤字もあり、辻褄の合わない部分が多いのである。そして後者は前者に比べて詳細な記述なのだが、漢字が適切でない。二千年前の地名をあらわす文字が日本にはないのである。分かりやすさを基準にして、作図してみた。

両者に共通しているのは、オレンジ色のルートを「西南シルクロード幹線」、黄色のルートを「西南シルクロード文線」と名付けていること。鄧廷良は前者を「西南シルクロード西線」、後者を「東線」とも書いており、これは分かりやすい。さらに二千年以上の歴史があるだけに、時代によって名称が変わっているのだが、私の独断でオレンジ色の西線を「霊関道」、黄色の東線を「五尺道」ということで統一したい。

なお、「霊関道」と「五尺道」が合流するあたりから西方へ向かう緑色のルート、すなわち大理から保山、騰衝を経てミャンマーへ抜けて行くルートを「博南道」と呼ぶ。

万水千山を越えて

先に述べたように、通常想起される「シルクロード」には、果てしない砂漠や大草原の真っ只中を行く

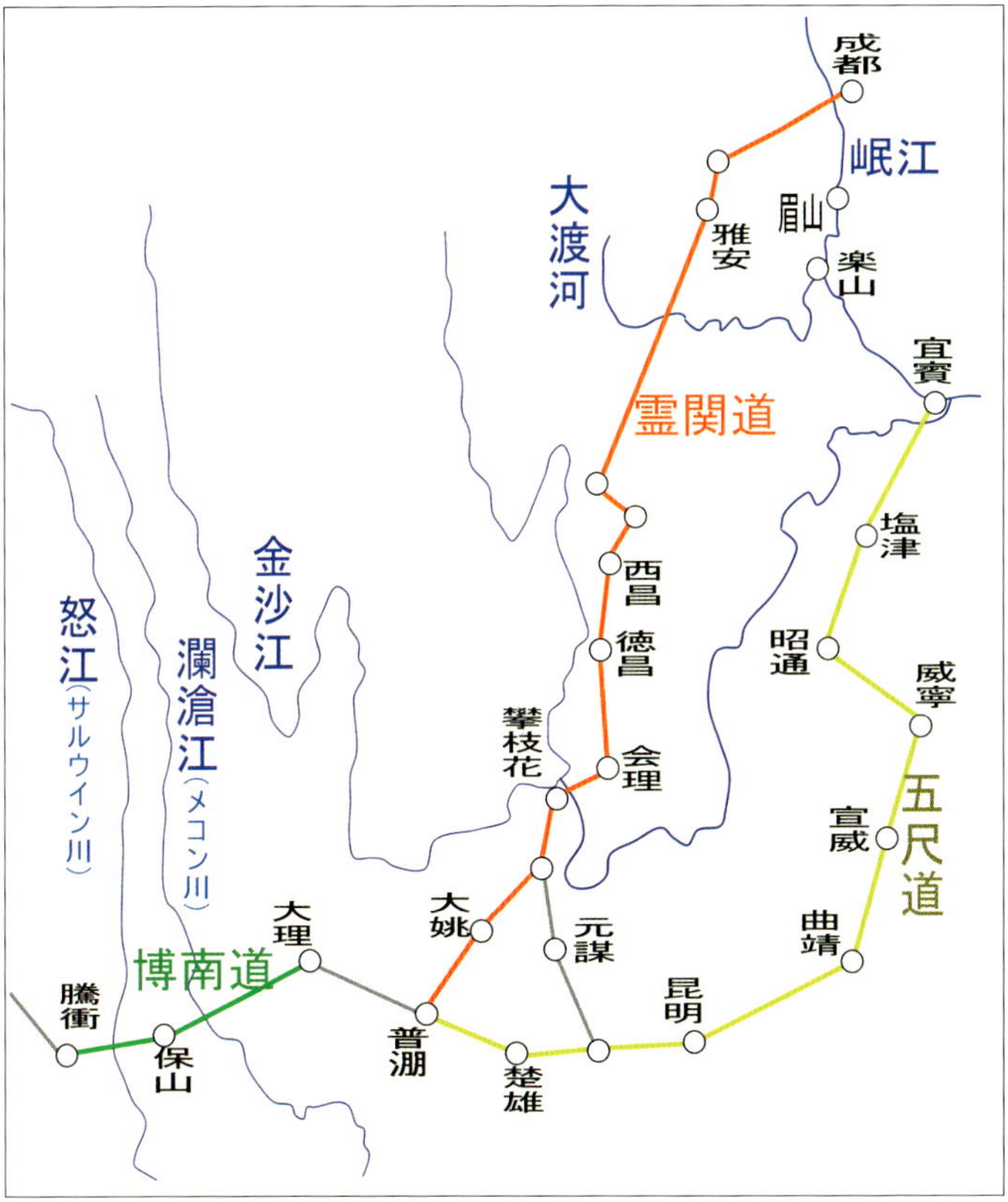

“西南シルクロード”の略図。五尺道、霊関道、博南道をまとめて西南シルクロードと呼ぶ。

イメージがある。ところが、この「西南シルクロード」は「万水千山《ばんすいせんざん》」つまり、無数の川と山を越えて行かなければならない。

もう一度前ページの地図を見ていただこう。成都を出発してオレンジ色の「霊関道」へ入ると、進行方向右手に五千メートル級の山があり、左手に四千メートル級の峰々が続く。断崖絶壁の渓谷を渡り、峰を回りながら地を這うように進む。黄色の「五尺道」も似たようなものだ。最初こそ成都から宜賓《ぎひん》まで岷江《びんこう》を水路で下り、南下して山岳地帯に入る。途中に通過する貴州省は総面積の九十七パーセントを山地と丘陵が占め、雲南省も同じく九十四パーセントが山地と高原である。まさに「千山」であり、山が高く谷が深い。

それだけではない。行く手には「金沙江《きんさこう》（長江の上流）」「瀾滄江《らんそうこう》（メコン川の上流）」「怒江《ぬこう》（サルウィン川の上流）といった大河から名も無き小川までを次々と渡って行かなくてはならない。まさに「万水」であり、西南シルクロードの有力な物的証拠として、大河に架かる橋を数多く残している。

「五尺道」へ

私が最初に訪れてみたいと思ったのは「五尺道」である。古く秦代から始まった官道で、その険しさの故に開発に取り残され、二千年前の姿を今もそのまま見られると聞いたからであった。

秦代に作られた道幅1.2メートルの古道が現在も残されている。“五尺道”である。
ここにたどり着くまでが大変であった。

第五話 心優しい「五尺道」の雲助

冒険旅行

「往復で料金二十元」と交渉が成立、三輪タクシーは猛烈な勢いで走り出した。工事中の砂利道で、道幅は広いので崖下に転落する心配はないのだが、道は凹凸があるので上下動が激しい。座席は幌付き、四人が向かい合って座れるようになっているけれど狭い。ガイド兼通訳の「ガオヤン」こと近藤高陽氏(当時雲南民族大学留学生、大学院四年生、歴史学専攻。「高陽《たかあき》」の中国的発音で、中国人の姓名のようで響きが良いため、友人たちはこう呼ぶ)と必死に鉄枠を握り締める。時々平坦な村道を走ることもあるが、基本的には山岳地帯の国道、つまり高速道路の建設現場をスピードを緩めることなく突っ走っているのであった。お尻が痛いどころではない、大怪我の恐れさえあるのだ。六十六歳(当時)の身にはいささかこたえる。

「雲助」

悪路の砂利道。上りあり、下りあり。大きな道路の橋げたを建設中の作業員

塩津から約20キロ南西、国道沿いに“豆沙鎮”の標識がある。タクシーはここまで。豆沙村までは三輪タクシーの営業範囲。

四、五名に呼び止められて、ストップした。停まるとほっとする。運転手はなにか早口でしゃべっている。また走り出した。二十分ほど経ったのだろうか、すごく長い時間に感じられる。突然、三輪タクシーが停車した。近くを川が流れ、見ると家も数軒ほどあり、山側に砂利がうずたかく積んである開けた場所だ。ガオヤンが言う、「運転手は道を間違えたと言ってます」。何ということだ、プロの運転手が道を間違えたなんて、嘘に決まっている。「そして、案内料も含めて五十元にしてくれ」と。「五尺道」の「雲助」じゃないか。

くもすけ【雲助・蜘蛛助】
江戸時代、街道の宿駅や渡し場などで、荷物の運搬や駕籠かきなどを仕事としていた無宿の者。
人の弱みにつけ込んだり、法外な金銭を取ったりする者をののしっていう語。
（『大辞泉』小学館）

目の前の運転手は、若くて男前だがいかにも強そうに見えた。喧嘩になったらこちらは二人だから負けることはないだろうが、こんなところで決裂し、置き去りにされたらお手上げだ。しかし、言いなりになるのも腹立たしい。

時計を見ると午後三時十五分。「五尺道」を取材するために、私たちは昨日、すなわち二〇〇六年五月二十一日の午前十時、昆明の飛行場を飛び立ったのである。雲南省東北部の要衝・昭通《しょうつう》市まで飛び、ホテルに一泊。今朝九時二十五分昭通始発の急行列車に乗って、塩津《えんしん》北駅十二時二十分着。昼食の後、タクシーをチャーターして四十五分走り、さらに三輪タクシーに乗り換え、「豆沙《とうさ》鎮」の「豆沙《とうさ》村」へ行こうとしている。ここまで一日半、費用は約

三輪タクシーの運転手、洪永林さん（36歳）。最後は優しいところを見せたが、値上げ交渉の技術はしたたか。

二千元ほども使っている。いまさら三十元を惜しんで決裂するわけにはいかない。ガオヤンと相談して、呑むことにした。

豆沙村

結局交渉は五十元で決まり、「雲助」の言いなりに引き返すことにした。三十元の出費よりも、失った時間の方が惜しい。彼は「五尺道」を本当に知っているのだろうか？　村人が一人乗り込む。運転手は「後ろの座席は弾むので、運転席のすぐ後ろの鉄枠に腰掛けろ」という。なるほど、そのほうが上下動は少ない。その際気がついたのだが、デイバッグに差し込んでいたペットボトルが無い。激しい上下動のせいで落ちてしまったものらしい。それほど振動がすさまじいのだ。同じ道を引き返している。必死の思いで、鉄柱にすがりつきながら彼の耳元でどなる。「五尺道はどこにある？　本当に知っているのか？」彼は「大丈夫」と答える。途中、村人が降りた。そしてまた激しく揺れた。

ガオヤンが「道が変わったようです」という。彼のほうが冷静に見ていたようだ。行く手に古い家並みが見えてきた。これなら分かる、いままでは一貫して国道の工事現場のなかだった。やがてストップ、ここが豆沙村の入り口だった。

幅五メートルほどの道があり、左右に崩れかけた木造家屋が連なる。ときにはモルタル作りの店舗がある。中国でふつうに良く見る田舎の村で、電気屋があり新しい洗濯機が売られている。店の奥でテレビが放映されているのが見える。「雲助」（彼の名は洪永林といい、三十六歳）が盛んに挨拶をしている。声が返ってくる。国

日本流に言えば“中山道の宿場町”とでも言おうか。そういった風情の豆沙村。古い遺跡で村興しをしようという商魂も感じられるのだが。

築何十年の建物だろうか。いまにも倒れそうだが、もちろんいまでも人々は生活している。開発から取り残される運命の村である。

道沿いにある「豆沙鎮」入口の標識とこの村を往復する「三輪タクシー運転手」が彼の職業なのである。だから知り合いもいるし、村人も時にはお客さんになるわけだから愛想を振りまいているのだった。

石門関

百五十メートルほど家並みが続き、尽きたところに「石門関」があった。左側が深い峡谷で川を隔てて対岸にも岩壁がそびえる。山道は険しく、右側も絶壁。遠くから眺めると、左も右も断崖絶壁でまるで石の門のように見えるところから「石門関」と呼ばれた。ここに古道「五尺道」が生き残っていた。しかも現役として立派に機能して。少し進むと、関所が復元されて建っていた。子供たちが二、三人遊んでいた。

五尺道

一尺の長さは現在の日本でいえば三十・三センチメートルだが、現代中国では三十三・三セン

最近復元された石門関。いつの時代の関所跡であろうか。百年前の記録では「苔蒸し草茂る」とあった。

村人たちがさかんに行き来する。秦の時代は“五尺”だったというが、それよりは広くなっている。何度か作り直したのだろう。

チ。もともとは中国から輸入した長さの単位である。ところが、この単位は時代とともに変わるのだ。前漢時代の一尺は二十二・五センチしかない。正確に言えば「五尺道」の幅は一・一二五メートルということになる。

私たちが撮影している間、村人、籠を背負った農婦、学校帰りの小学生が通る。大きな石を並べただけの素朴な石段。昔は兵隊たちが往来していたに違いないし、驢馬が荷物を運んだ通商の道でもある。石は丸みを帯びて、光っていた。

登りの急な石段の先にあずまやが見えた。「唐碑亭《とうひてい》」に違いない。私たちは「雲助」と共に大きな寺院を訪れた。穏やかな午後の日差しの中で尼さんが農婦と話をしている。石門関へ引き返し、もう一度シャッターを押した。

上／この部分は崖が迫っていて、本当に幅が“五尺”しかなさそうな階段。歴史的にみると軍事目的に使われたことが多い道である。下／「山高く谷深し」が実感できる。遥か下に内昆鉄路が見える。

唐の時代に、岩壁に書を刻み残した袁滋（えんじ）を記念して建てられた“唐碑亭”。岩壁の書そのものが歴史的に貴重な史料。

約束の時間

　あまり長居はできなかった。帰りのタクシーが国道の「豆沙鎮」入口の標識のところで待っていることになっていた。約束の時間は四時半。もうとっくに過ぎている。タクシーのチャーター料は百元。「最初に五十元渡し、宿に戻った時点で残額五十元を払う」とガオヤンは主張したのだが、運転手は「全額、今欲しい」と譲らず、もう既に百元支払い済みなのである。あまり遅れると、運転手は勝手に帰ってしまうかもしれなかった。「豆沙村」と「石門関」は魅力にあふれ、もっと記録しておくべき風景がたくさんあった。この「雲助」が余計な策略を使ったために、時間を無駄にしてしまったのが悔やまれてならない。

　遥か下のほうを貨物列車が走っている。午前中に利用した鉄道で「内昆鉄路」という。おそらく昭通方面へ南下するのだろう。並行して流れる河は「横江《おうこう》」といい、北上して四川省に入り金沙江《きんさこう》（長江の上流）に合流する。私たちも帰らねばならない。ふたたび家並みを通り抜けて、停めてあった三輪タクシーに乗り込む。

　帰りは余り飛ばさない。彼は口笛を吹きながら運転している。途中、歩いていた女の子を見かけて停車した。学校帰りの小学生だった。声をかけると、彼女が乗ってきた。数百メートルほど走って、女の子は降りる。「雲助」こと洪さん、同じくらいの子供がいるのだろうか、やさしい父親の表情をしていた。国道に着いたときはすでに五時をまわっていた。三十分以上の遅刻だが、タクシーの運転手はハンドルに足を乗せて、気持ちよさげに睡眠中だった。

“民宿・五尺道”の看板。ほかに“民宿・シルクロード”もあった。前途多難ではあるが、観光で生き延びようとたくましい。

私たちは30分以上遅刻したが、タクシーは待っていてくれた。「謝謝!」。そのかわりチップとして30元要求された。やむを得ない。

学校帰りに乗せてもらった少女。恥ずかしそうに、ひとことも口を利かなかった。

第六話　五尺道の歴史を探る

公安

タクシーで塩津の中心街まで帰った。横江に沿って左岸（つまり西側）を国道が通り、橋を渡ると賑やかな街に入る。河の右側が中心街なのだ。橋を渡ってすぐに私たちの宿泊するホテル「鴻達賓館」がある。

シャワーを浴び、夕食をすませ、部屋で荷物の整理をしているとドアを叩く音がする。それは公安警察だった。こんな辺鄙な田舎町に外国人が二名、何の目的で来たのか？　どこへ向かう予定か？

私もかなりの回数中国国内を旅行し、招待所や小さな旅館に度々宿泊しているが、公安に調べられるのは初めてだった。若い男と女の二人組の警察官から、いくつかの質問を受けた。それほどきつい尋問ではなく、ホテルからの通報で一応調べないといけないので、といった調子だった。

山が厳しく迫っているため、川沿いの狭い谷を上へ上へと伸びざるを得ないビル群。塩津は新華書店もある大きな街。マルコ・ポーロは船を利用した。

今でこそ小さな田舎町になってしまったが、塩津駅は古来、交通の要衝として栄え、歴史的にも古い記録が残されている。この日（二〇〇六年五月二十二日）私たちが辿った塩津から豆沙村への道のりに限定して、その歴史を探ってみたい。

マルコ・ポーロ

外国人といえば、かのマルコ・ポーロがこの道を歩いている。成都から「西南シルクロード」のひとつ「霊関道」を南下して大理経由でミャンマーへ行き、東へ戻って今の昆明へ。

昆明から「五尺道」に入って北上し、この地へ至った。元の時代だから十三世紀後半である。『東方見聞録』（愛宕松男訳註・平凡社ライブラリー）上の第百四十二項を見てみよう。

塩津の道路は狭いので、バスの離合が大変。小さな三輪タクシーが重宝がられている。ホテルから街はずれにある鉄道駅まで5元（約70円）。

一四二　トロマン地方

住民は死者を火葬に付す習慣である。その際骨は焼けきれないで残るから、拾い集めて小箱に納め高山の大洞穴に持って行って、人間でも獣類でもこれに手の届かないよう巧みに釣り下げておくのである。

そして訳者註として、「トロマンは雲南省の北部でも特に四川省叙州（現在の宜賓市）に近く居住し、塩井駅（現在の塩津）の一帯もその住地区であった」とある。

「懸棺」

「石門関」を見ていた時、三輪タクシーの「雲助」こと洪さんが向かいの絶壁を指差し、「あれは『懸棺《けんかん》』の跡だ」と説明してくれた。「懸棺」については第八話で詳しく述べるが、一言で言えば「崖を利用したお墓」のことである。ここでは、「石門関」対岸の断崖絶壁と四川省南部のそれをと見比べていただく。

川を隔てた対岸の岸壁にいくつか懸棺が見える。何気なく眺めたのでは分からない。私も洪さんに指摘されて、望遠レンズを用意。

300ミリのレンズが捉えた懸棺。考古学者の調査の結果、「塩津豆沙関付近の岸壁の遺跡は四川南部の懸棺葬と同一タイプである」と判明した。

四川省珙県（きょうけん）洛表鎮では見事な懸棺を数多く見ることができる。既に棺が落下してしまっているものもある。高さ約40メートル。

四川南部の懸棺。縦に規則正しく懸けられた棺は比較的珍しい。雨や風が凌ぎやすいくぼみ部分を巧みに利用したものと考えられる。高さ約20メートル。

鳥居龍蔵

マルコ・ポーロの足跡について触れた記述がある。一九〇二年から翌年にかけて、鳥居龍蔵博士が行った実地踏査記録『中国の少数民族地帯をゆく』(朝日新聞社)を見る。「(昆明から)四川省に行くには二方面の路がある。一つは寧遠路を経て成都に出るもの、一つは曲清、東川、照通を経て叙州に出て、岷江をさかのぼって成都に入るものこれである。後者はマルコポロのとった路であって、旅行には最も安全であるが、前者はこれに反してはなはだ危険のおそれがある」。この記述のうち、前者が成都から険しい山岳地帯を南下して大理に至る「霊関道」、後者が成都から水路と陸路を利用し、宜賓から塩津、昭通を経て現在の曲靖付近に至り、針路を西へ転じて昆明へ至る「五尺道」に相当する。鳥居は敢えて危険な「霊関道」を選択した。

『雲南四川踏査記』

日本人として初めて「五尺道」を走破し、記録に残したのが米内山庸夫で、一九一〇年のことだった。その著作『雲南四川踏査記』(改造社)を見てみよう。地名や仮名遣いは分かりやすいように現在の呼称に書き換えた。

攀じるが如く登って行く。その路の登り尽くし

『雲南四川踏査記』にある100年前の豆沙関。昆明から宜賓まで約1500キロの行程中でも最も印象深いスケッチだ。

たところに関門があった。それが豆沙関だ。昔の関所の跡だ。上には岩峰そそり立ち下は断崖千尺の渓谷。その石造の関門に苔蒸し草茂って古色蒼然として詩の如く美しかった。豆沙関の旧跡から一キロばかり行ったところに豆沙関の街があった。

米内山一行はこの豆沙村に泊まり、翌朝六時に出発する。そして、約三十キロメートルを歩いて午後五時に塩津に到着。十時間近くかかっている。それに比べて私たちは三輪タクシーで豆沙村を出発、十五分ほど下って国道へ。そこで待機していたタクシーに乗り継いでわずか四十五分、塩津に到着。スタート地点とゴール地点は同じだが、百年前の道はぜんぜん違うのである。

再び米内山の記述を拝借する。

豆沙関。街を出づれば直に急坂なり。河畔に下り、横江を離れて峠を越え塩津に到りて再び横江河畔に出づ。道路は全く不規則なる山道なり。（略）塩津は横江の右岸に位する大宿駅なり。市街の繁華殆ど東川、昭通を凌ぐ。

一九一〇年、当時の旅行は匪賊の襲撃など、相当な危険を伴った。鳥居龍蔵が言うように「最も安全な」ルートであるこの「五尺道」でさえ、米内山一行には護衛が二名ついている。武装した兵隊か警察官であったろう。

五尺道成立の記録

ところで、「五尺道」成立に関する記録はあるのだろうか？　二千年以上も前の記録となると、我々はすべて司馬遷の記述に頼らざるを得ない。「五尺道」に関しても『史記』西南夷列伝に記述がある。

秦代、常頞《じょうあん》は幅五尺の道路をほぼ開通させ、これらの諸国にだいたい秦の官吏を置いたが、十年あまりで秦は滅亡した。

成都から夜郎国（現在の貴州省西部にあった国）、滇国（現在の昆明・滇池付近）まで道は通じたと考えられる（第四話の『西南夷地図』参照）。これをうけて、現在最も信頼の置ける歴史地図である中国社会科学院編『中国歴史地図集』にも「五尺道」の記載がある。

再び張騫の報告

秦の滅亡後、「五尺道」の管理が疎かになると官道としての機能は途絶えた。そして前漢王朝が成立する。ふたたび『史記』西南夷列伝を見る。

西南夷への交通路を開くために、数年にわたって守備兵を送り食料を補給したが、路は開通しなかった。士卒は疲労と飢餓のうえに湿気が重なったため、きわめて多くの死者をだした。そのうえ、西南夷もたびたび反乱を起こし、軍隊をだし攻撃をかけてきた。

武帝は、「五尺道」を利用した西南夷地区への進出効果があまりに悪いため、一旦「五尺道」の開発を諦めかけた。ところがそこへ張騫の報告（第四話参照）が舞い込んできた。成都からインドに至る道路が開通すれば、「交通は便利で近く、利益があっても害はありません」（同書）。

前漢の制圧

張騫の提案を受け入れ、武帝は本格的に「西南夷居住地の経営」に乗り出すこととなった。この地に軍隊を大量動員して制圧し、直轄支配するために幹線道路を整備し、一定間隔に駅亭を設置したのである。それから二千年の時が流れ、「五尺道」や「霊関道」など「西南シルクロード」上の各地に漢代の遺跡（主に墓）が発掘されている。特に金沙江中流域の「霊関道」に沿って漢墓が集中する地区では、墓と墓がほぼ十五キロ間隔に分布しているという。まさに前漢王朝の「駅馬は三十里に一置す」という制度が考古学的に証明されたわけだ。

なお「五尺道」のルートは「石門道」、「朱提道」と呼ばれた時代もあるが、分かりやすさを第一とし、「五尺道」で統一した。「朱提」とは昭通の古名である。

地震

メモによれば、「五尺道」、「懸棺の郷」を取材して昆明に戻ったのが二〇〇六年五月下旬。チケットが北京経由だったので、北京の知人一家と食事をともにしてから帰国した。帰国したとき、もう六月に入っていた。二〇〇六年七月のある朝、新聞の小さな記事を見てびっくりした。もし「五尺道」に行ってなければ、見過ごしていたに違いない。

雲南で地震
十八人が死亡

新華社通信によると、中国雲南省塩津県で二十二日午前九時十分（日本時間同十時十分）ごろ、マグニチュード五・一の地震が発生し、十八人が死亡、六十人以上が負傷した。

震源地の塩津県は雲南省の省都・昆明から北東約四百キロ。（北京）

（『朝日新聞』七月二十三日朝刊）

五十四ページの写真を見ていただくと分かるが、豆沙村には今にも倒れそうな木造家屋が並んでいた。もしかしたら、それらが倒壊したのかもしれない。塩津の街にしても、継ぎ足しの建物が多かったように思われる。道路は狭く、崖が迫っているので、五十八ページの写真のように、どうしても階を重ねざるを得ない。それらが死傷者の数を多くしたのではあるまいか。

雲南科技国際旅行社のSさんの話によれば、石門関は一時、ブルーの工事用シートで覆われていたが無事だった、とのことである。

第七話
ローカル鉄道とバスの旅

「五尺道」と「懸棺」の位置関係を、私が制作した略図をもとに説明したいと思う。しかし雲南省と四川省、そして貴州省の省境があまりにも入り組んでおり、一見しただけでは見当もつかないに違いない。そのため、十ページで示した「西南シルクロード」の地図をまず見ていただきたい。

広義の「五尺道」とは、今から二千三百年ほど前に秦の始皇帝が着手し、前漢王朝が完成させた、四川省から貴州省の西部を通り雲南省へ通じるルートを指す。最初は民間の絹を運ぶ道としてスタートした古道が、国家レベルの官道に作り替えられたわけである。実際には、成都から宜賓までのルートは陸路ではなく岷江を船で下ったもので、宜賓上陸後にようやく陸路に入る。塩津、昭通、曲靖を経て昆明に到るこの道は幅が「五尺」程度の広さしかなかった。

四川省南部の地図

昆明から昭通へ

雲南省の東北部に位置する昭通市は四川、貴州両省に対して半島のように突き出しており、省境が複雑に入り組んでいる。二〇〇〇年、貴州省畢節地区赫章県の可楽鎮で戦国時代から前漢時代（紀元前二世紀頃）にかけての墓葬百十二基が発掘された。西南夷最大の勢力を誇った夜郎国にもようやく考古学のメスが入ったことになる。その可楽と昭通は省を跨いで隣接していて、昭通の近辺でも後漢時代の墓からの出土文物があるが、その話は次回に回すとして、今回は当地の移動・交通事情を中心に述べていきたい。

二〇〇六年五月、私はガオヤンと共に昆明から飛行便で昭通へ入った。小さな飛行場である。積み込んだ荷物はすぐ出てきた。すべて人手による作業である。折悪しく雨と風のなか、白タクに乗り込んで街の中心へ出た。

軽食を摂ったあと、市内の中学校を訪れた。敷地内に後漢時代の石碑と東晋時代に描かれた壁画があり、それを見学させてもらう予定だった。ところが鍵を保管している教師が不在で連絡もとれない。残念ながら諦めざるを得なかった。建物のスナップ撮影のみ。

小さな飛行場なので荷物は台車で運び、人手で手渡すことになる。

"霍承嗣（かくしょうし）墓壁画"の建物。南北朝時代の豪族の様子が描かれた壁画が保存されている。

"孟孝琚（もうこうきょ）碑亭"の建物。内部には250字以上の隷書が彫られている石碑が保存されている。

内昆鉄路

五月二十二日、ホテルを出てタクシーで昭通駅へ向かう。昭通が始発だったせいか切符の購入はスムーズにいく。普通急行五六〇四号列車である。中国では鉄道料金が安いからだろう、売り場はいつも長蛇の列で切符を買うのが難しい。例えば、昭通から昆明までは四百キロメートルも離れているが、鉄道料金は四十元である。日本円に換算すれば、わずか六百円ということになる。

車中で知り合った女性教師が「塩津の街へ行くなら、塩津駅でなく塩津北駅で降りたほうが便利だ」と教えてくれたので助かった。塩津駅から街まではかなり離れているとのこと。十二時二十分、塩津北駅着。

彼女もここで下車した。亭主も教師だといい、大きなバイクで迎えに来ていた。

ここで私たちは三輪タクシーでホテルへ。昼食の後、豆沙村にある「五尺道」の古道を取材したことは第五話と第六話で述べた。

私たちは五月二十二日から二十三日にかけて、

車中で話しかけてきた女性教師。塩津での宿まで紹介してくれた。

上／昭通駅は街の中心からタクシーで20分以上かかる場所に離れてポツンとある。
右／15の民族が生活している昭通エリア。何族の老人だろう。

2002年に開通した内昆線の急行列車。この列車は昭通始発、内江経由で重慶に行く。

昭通～塩津を結ぶ列車の切符。5604号急行は11元（約150円）。速いだけ値段が僅かに高い。

塩津に滞在している。次なる目的は六十六ページ地図の右下、洛表鎮にある「懸棺」取材である。塩津から洛表鎮まで、直線距離でいえば東にわずか六十キロ弱なのだが、険しい峰峰がその間を隔てていて通れない。塩津からバスで高県を経て宜賓へ抜ける省道は、ルートとしては「五尺道」を忠実にたどっているが、連絡がうまくいかない。宜賓へ行くには列車のほうが速そうだった。いずれの方法でも、洛表鎮の「懸棺」へ行くには一旦宜賓へ出て、バスに乗り継がねばならない。

宜賓へ向かう

私たちは昨日利用した普通急行五六〇四号列車に乗ることにして、塩津北駅へ向かった。線路も駅舎も道路から二十メートル余りも上方にある。線路をコンクリートの橋が支えている。地形が狭く、それだけ険しいのだろう。

切符販売の窓口になにやら書いてある。「十二時十八分発の昭通発重慶行き普通急行五六〇四号は、内江より遠方行きの乗客に限り切符を販売する、それより近い所へ行く者には販売しない」というのだ。私たちの行く宜賓は内江より近いから切符が販売されない、つまり乗れないことになる。

短気で喧嘩っ早いガオヤンは「とにかく切符を買って、なんとか列車に乗り込みましょう」と言って、切符を待つ人々の列に強引に割り込み、「宜賓行き」を二枚買った。「販売しない」とあったが、窓口ではなぜ

上／切符の販売を制限する案内。手書きの表示だから臨時的な決定に違いない。
下／塩津北駅からの料金表。列車種別の表示がなく、価格表記だけなので分かりにくい。

塩津北駅。線路と駅舎は道路のかなり上方にある。

か普通に切符を売ってくれた。しかし改札口で駅員が切符を見て、「駄目だ。宜賓に行きたいなら、二時間後に来る普通列車に乗れ」と頑強に阻止するのだ。時間の関係もあるしやむを得ない、とにかく五六〇四号に乗り込むのが先決だ。八元の「宜賓行き」切符をキャンセル、十七元で同じ列車の「内江行き」を買い、宜賓駅で下車することにした。なんとも馬鹿馬鹿しいが、今度はすんなり通してくれた。

乗り過ごした老婆

①

②

③

④

⑤

⑥

⑦

⑧

①塩津北駅で降りるのを忘れた80歳のおばあさん。どうしよう。
②「危ないよ、気をつけて」と叫ぶ駅員。
③「この昭通行きの列車に乗れたらよかったのに」と男性。
④「おばあちゃん、ひとりで行ける?」。
⑤「この上着をしいて、その上に」。
⑥「………」。
⑦無事にホームに立つおばあちゃん。よかった、よかった。
⑧一件落着。

車内は空いていた。なぜ乗車制限をしたのだろうか、よく分からない。列車が走り出してしばらくして、隣の席の男性が大きな声を出した。八十歳のおばあさんが塩津の駅で降りそこなったらしい。次に停車する「灘頭」駅で降り、引き返すしかない。

灘頭駅が近づいて来た。親切な男性がおばあさんをデッキに誘導していく。私たちの乗っている五六〇四号列車が停車。山間部に敷設されている内昆鉄路の線路は勿論単線だ。対向の列車がホームに入ってくるのを待つのである。見ると、駅の係員がわめいている。おばあさんが向こう側のホームに渡るには遅すぎたのである。対向の列車がものすごい勢いで入って来た。

一件落着。おばあさんが帰宅するのは夕方になるだろう。隣の席では、何事も無かったように男たちがトランプを始めた。

桃の実

私たちと同席のおばさんが「桃を食べないか」と話しかけてきた。ありがたくいただく。列車は向かい合って座るので、「旅は道連れ、世は情け」と会話も弾む。バスではこうはいかない。昨年の五月、李家山頂で食べたあの桃と同じ大きさだった。

古代の交通センター・宜賓

桃のおばさんは宜賓のひとつ手前の水富駅で降り、それから三十分ほどで宜賓駅に着いた。私たちは下車して大急ぎで長距離バスターミナルに移動し、「懸棺」のある洛表鎮までバスに乗り続けなければならないのだが、ここで宜賓の説

上／日本の桃とは比較にならないほど小さい。
左／四川省との境界に位置する水富駅で降車した親切なおばさん。

明をしておきたい。古来より四川省東南部随一の大都市で、それは交通の要衝であることに起因している。岷江と金沙江がここで合流して「長江」と名を変えるのだ。岷江をさかのぼれば、「食料倉庫」といわれる四川省の成都平原があり、北方九十六キロの地点には「千年の塩の街」と呼ばれる自貢《じこう》がある。

　およそ二千年前の漢代に「僰道《ほくどう》」と呼ばれたこの都市は、想像を超えるほど重要な地位を占めていたらしい。夜郎国（貴州省西部）や滇国（雲南省中東部）へ到る「五尺道」の入り口にあたり、米・穀類はもちろんのこと、生活必需品の塩、酒、絹、布はすべて宜賓を通過したのである。

白酒

　今では成都や楽山の陰に隠れてあまり名は知られていないが、四川省の宜賓と言えば中国を代表する名酒・五粮液《ウーリァンイエ》の産地なのである。ここで少し脇道にそれ、中国の酒「白酒」について触れたい。しばらくの間お付き合いいただきたい。

　中国の酒を大きく分けると、「黄酒《ホワンジウ》」と「白酒《バイジウ》」の二種類がある。黄酒はいわゆる醸造酒で、日本の中華料理店でもよく置いている紹興酒や老酒のこと。白酒は主にコーリャン、大麦やトウモロコシを原料とする蒸留酒で無色透明。アルコール分が強く、中国各地で作られている。中国の一般大衆が愛飲する酒は、むしろ白酒であるといっていい。

五粮液

　私たちは「懸棺の郷」取材の後ふたたび宜賓に戻り、五粮液の工場を見学した。五粮液は高粱、もち米、うるち米、トウモロコシ、小麦の五種類の穀物を原料としているのでこの名がついた。五粮液の作り方を聞いて驚くのは、地面に大きな穴を掘って、そこで酒を作るというのだ。日本酒、ワイン、ウイスキーは桶、樽、タンクなどの容器を使うのに、白酒だけは土の中で作るなんてにわかには信じ難い。誰だって酒が土に吸われてしまうのではないか、と心配するだろう。東京農業大学の小泉教授の著作を何度も読んでようやく理解した次第である。

固体醗酵

世界中のすべての酒は液体状で醗酵させるのに対し、白酒は固体醗酵なのである。蒸した原料と麹を混ぜ合わせ、穴に入れ、表面にむしろをかぶせて更に土で覆い醗酵を開始させる。厳重にカバーするのはアルコールの飛散を防ぐためであるが、写真に見られるように多くは土を饅頭のように丸く盛り上げ、その上をシートで覆っていた。土饅頭がならんでいる光景は壮観である。

窖《チァオ》

土の穴のことを「窖」と呼び、中国語で「チァオ」と発音する。窖の大きさは、縦

五粮液の工場全景。機械化できない工程が多いため、広い敷地が必要である。工場見学にはわざわざ自動車を出してくれる。

工場の内部は天井が高い。土饅頭がずらりと並んでいた。

簡単な蒸留器。雲南省の少数民族の村で撮影したもの。五粮液と原理は同じ。

一・五メートル×横二・五メートル、深さ二メートル。結構な大きさで、作業するときは梯子を用いる。古い窖ほど多様な酵母が棲み付いていて、いい味をだす。五粮液で最も古いのは三百年以上も前、つまり明代末期の窖が今でも使われているという。

数ヶ月から一年ほど醗酵させた「原料・醗酵物」を穴から掘り出し、すぐに蒸留器で蒸留する。掘り出した時点でアルコールを四〜六パーセント含んでいて、一回の蒸留で五十〜七十パーセントの強い酒ができるのである。

白酒会

白酒には深い思い入れがあるのでもう少し続けたい。北京の大学に留学していた二〇〇〇年に、私は「北京白酒会」という会に入れていただいた。構成メンバーは北京在住の日本人ビジネスマンが圧倒的多数を占め、ひたすら白酒を飲むというユニークな集まりである。帰国後はその延長線上にある「東京白酒会」に参加、現在も月に一度の例会にときどき出席する。会では飲んだ銘柄をすべて記録しており、二〇〇八年現在で北京白酒会は八百銘柄、東京白酒会は四百銘柄を超えたという。中国の地酒をほとんど飲み尽くしている状態だと思えるが、中国はまだまだ広いのである。

現在、東京白酒会の小俣会長(左)と会計・記録担当の松島さん(右)。2001年、北京白酒会での撮影。

原則として白酒は会員が持ち寄る。乾杯の合図と同時に小さな杯で全員が一斉に飲み干す。これがルールだ。

外国人お断りの街

さて、「懸棺の郷」への旅の話に戻る。宜賓のバスターミナルを出発、途中の道路は全面的に工事中とあってこの上なく悪路であった。バスを乗り継いで二時間半、珙泉《こうせん》鎮に着く。夕暮れである、今夜はこの街に宿泊しようと小さな賓館へ入る。ところが、ここは鉱山街なので、外国人の宿泊は禁止されているという。あわててミニバスに飛び乗って、引き返すことにした。三十分前に通過した巡場《じゅんじょう》鎮がこのあたりで一番大きな街だったからだ。ガオヤンと夜遅くまで話し込む。もちろん五粮液のような高級酒ではなく、安い地酒を飲みながら。ふたりとも強烈な左党である。

「懸棺の地」

翌三月二十四日、さらにバスで三時間南下して、ついに洛表鎮に着いた。午前十一時十五分、曇り。腹ごしらえをすることにした。ここまで来ることが「たたかい」であり、「懸棺」をどうとらえるかも「たたかい」のような気がした。腹が減ってはいくさができない！

遠路はるばる、ついに懸棺の郷へ到着。『僰人の故郷』の広告塔が目立つ。世にも不思議な懸棺葬はここからすぐ近く。

私たちの食事が終わるのを待つ三輪タクシーと運転手の牟家華さん。彼はこの村の出身で、懸棺には詳しい。

第八話 「懸棺」はるかな旅

塩津の駅から列車、バスを乗り継いで十時間、四川省の南端にある洛表鎮に到着したことは第七話で述べた。下の地図を見て頂きたい。右端の公路上に洛表鎮があり、そこから三輪タクシーに乗って「懸棺の郷」に入るのである。

懸棺の郷

この地帯を麻塘坡《まとうは》という。中央を「螃蟹河（かに川）」が流れており（水量は殆どなかったが）、地図上でグリーンの部分が畑や田んぼ

田植えを終えたばかりののどかな田園風景。展望台から撮影。

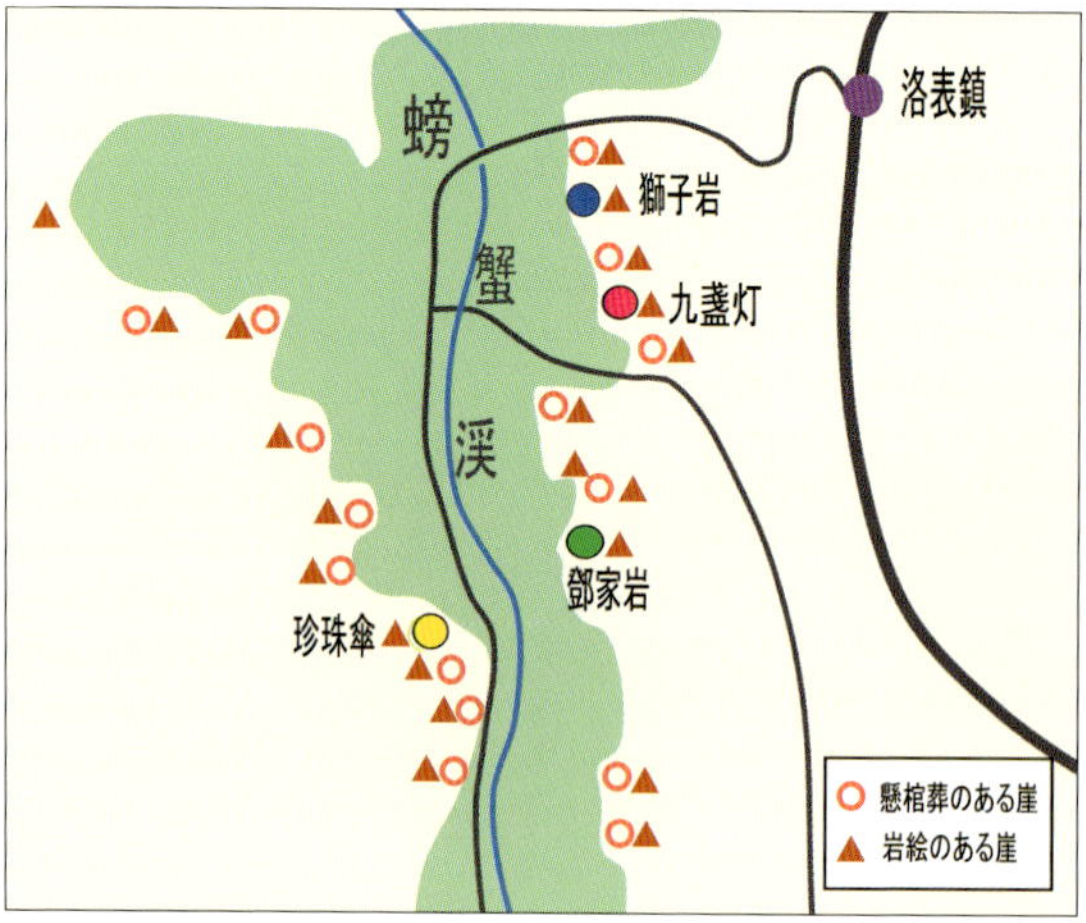

懸棺葬と岩絵の分布図。陳明芳『中国懸棺葬』（重慶出版社）を改編。

である。豊かな水田風景がひろがり、畑ではとうもろこしの葉が揺れていた。東側の崖と西側の崖のあいだは三百メートル前後。細長い廊下のように南へ約五キロメートル続いていて、その両側の崖に木製の棺が懸けられている。その数、百個以上。

難しい文字が多いので説明のしかたが難しい。赤丸がついている「九盞灯」を拠点にする。現地では「ジウジャンドゥン」と発音する。ここの岩壁に棺が集中している。私たちはこの村で三時間以上取材した。幾組かの中国人観光客とも出会ったが、みんな九盞灯だけを見て帰った。ちょっとした見学ならここだけで十分といえるし、他の岩壁も見るのなら、案内人と三輪タクシーなしではきつい。

上／懸棺を間近で見られるように階段がついている。上右／遊歩道には危険防止の柵がついていて、かなりの高さであることが分かる。

十数個の懸棺が一望できる。文献で懸棺が最初に確認できるのは、5世紀の南北朝時代である。

いまにも転落しそうな棺も見られる。棺材はクスノキ、漆は塗られていない。

穴の数は40以上。この壁面は風が強いのだろうか。

真下から天を仰いで撮影した。棺身の長さは2メートル前後が多い。

黒い棺は漆を塗っているのだろうか。権力者の棺だったのか。

「棺を高くかかげればかかげるほど親孝行」だと、唐代の文献にある。

断崖絶壁

さすがに九盞灯の懸棺は圧倒的な迫力があった。数も多い。とにかく主目的は撮影なので、いろいろな角度からパシャ、パシャ。望遠レンズでも狙った。肉眼で感じる高さと迫力は、写真では表現しにくい。人物を入れることで、どうにか伝わるかもしれない。

懸ける

最も一般的に見られる懸棺の方式は、「岩壁に小さな方形の穴を穿ち、木杭をその小さな穴に打ち込み、その後、この木杭の上に棺を置く」(霍巍「蜀と滇の間の考古学」クリスチャン・ダニエルス、渡部武編『四川の考古と民俗』慶友社所収)のである。「まさに『懸』という一文字を如実に体現している。そのため現地の人々は、それを『挂岩子』(グワイエンズ)と呼称している」(同書)。

置く

第二の方式は、棺を岩壁の天然のほら穴に置くもの、あるいは壁面に突き出るようにできた天然のテラスに棺を置いたものである。こ

上は“置く”方式。下が“懸ける”方式。

天然のテラスに置かれた棺。特等席のように思われる。

のタイプの棺安置方式は少ない。ここで第六話に出てきた「石門関」の「懸棺」を思い出していただきたい。天然の洞窟に木片が残されていて、第二の方式であることが分かる。

下の写真では、第一の方式と第二の方式が同居している。ここでお断りしておきたい。霍巍教授（四川聯合大学）の説明では整理しにくいので、説明の方式を私流に変えた。つまり、第一の方式は「懸ける」であり、第二の方式は「置く」のである。それでは、第三の方式は？

岩壁をくり抜いて作った第三の方式、“鄧家岩”にて。地上から4.5メートルの高さ。

上の写真のさらに上方の岩壁である。

鄧家岩

岩に穴をあけて、人工の洞窟を掘り、そのなかに安置する方法である。九盞灯から三輪タクシーで南へ十五分ほど行った「鄧家岩」が完全にそれである。案内してくれた三輪タクシー運転手・牟家華さんの説明によれば「子供の頃、よく中に入り込んで遊んだものです。なかはがらんどう、なにもありませんでした」。

三輪タクシーの運転手兼案内人の牟家華さん（左）。右は筆者。

調査

今までに何度も学術調査が行われている。四川省博物館、重慶博物館、四川大学歴史系考古専業実習隊などによる調査であるが、総合的に判断すると、

①四川省南部の地域の懸棺葬俗は、雲南の一部地区にも影響を及ぼしている。

②古い文献と考古資料の一致が見られる。

以上の二点は証明済みであるとみていい。

「古く、四川大学博物館のアメリカ人学者グラハムが、川南一帯の懸棺葬を調査したときの記録では、『洛表の懸崖には、木棺の数がきわめて多く、しかも、南に分布が伸びて、雲南の豆沙関岸壁にまで至る』とある」（霍巍氏前掲書）。これは同時に、往来する道が存在していたことの証明でもある。

珍珠傘

次に、「鄧家岩」から南西に八百メートルほどのところにある「珍珠傘」という懸棺を見てみよう。縦に規則正しく懸けられている、珍しい例である。アップで迫ってみると上部のふたつが年代が古く、下部のふたつが相対的に新しいことが分かる。さらに、遠景で眺めると、高さはせいぜい二十メートルくらいかと思える。

左下の写真は案内人の牟さんが子供の頃遊んだという、「鄧家岩」の近くで

上／300ミリの望遠レンズで撮影。縦に整然と並ぶ珍しいスタイルの懸棺。
右／“珍珠傘”の懸棺。道路のすぐそばにある岩壁。

鄧家岩の近くにある“名もない岩壁”の懸棺。

これがこの村の日常風景であろう。珍珠傘の遠景。右端に農婦がみえる。

見かけた「洞窟バージョン」の懸棺。左上方にポツンと孤立してあるのが見える。「ここの岩は何と呼ぶのですか?」と訊ねたら「没有(ない)」という返事であった。

本当に名前がないのか、彼が知らないだけなのかは分からない。新しく建てられた農家やパラボナアンテナもあって、裕福な農村と言う印象を受けた。

懸棺博物館

さてここで、懸棺の謎に迫ってみたい。入り口のところに建っている「懸棺博物館」に行き、係員の説明に耳を傾ける。棺を断崖絶壁に懸ける理由は、「死者を安らかにするためだろう」と言う。「高く険しいところに置けば水や人間、獣などの侵入を防ぐ」からだ。ちなみに洛表地区にある懸棺で最も高いところにあるのは、「九盞灯」北方三百メートル付近に位置する「獅子岩」のそれで、高さは約六十メートル。最も低いのは「鄧家岩」近くの「名もなき洞窟」で、子供が道具を使えば登れる高さ、五メートルほどだろうか。

右下の写真に「僰人《ほくじん》の懸棺」とあり、懸棺を残したのが「僰人」という民族集団であったことは間違いない。古代、四川省西南部に住んでいた集団だったが、十六世紀に明の大軍に攻められ、滅亡したということ以外は不明である。懸棺博

中国懸棺葬の分布図。長江以南に広く見られる。懸棺博物館内にて。

鄧家岩にあった棺。長さ192センチ、幅52センチ、高さ47センチ。「数百年経っているが、保存状態は良好」とある。

“懸棺の郷”入り口。入場料はひとり20元。手前の女性は切符売りの職員。奥に見える三輪タクシーは牟さんの車。

物館内の説明文では、懸棺葬の風習は約三千年前の殷周時代に出現し、それが明清時代まで続いていたこと、長江流域に散在していること、さらには台湾にまで見られるとある。

明代中期

懸棺の副葬品として、明代正徳・嘉靖年間（十六世紀初〜中期）に景徳鎮で作られた染付け碗や、明代の銅銭などが棺から発見されている。これによって、この懸棺葬の年代は十六世紀の明代中期だと想定される。前ページ左下写真の棺は、楠木をくり抜いて作られている。見学した人々がお金を入れていったのだろう。朽ちた棺は相当に古そうであった。

人骨

学術調査のときに棺内部に残存していた人骨を展示したもの。仰身直肢葬による残存状況で、頭骨は冠状にくぼんでおり、「生前において頭部に変形を加えられた模様」とある。

岩絵

棺が置いてある岩壁に、赤色顔料によって描かれた岩絵が残されている。単独のものは少なく、その大部分が懸棺葬の周囲の岩壁や洞窟内部に描かれているのが特徴的だ。棺の底部に描かれているケースもある。

赤色顔料で描かれた各種の岩絵。当時の生活を知る上で貴重な資料だが、解明は進んでいない。

棺内に残されていた人骨。頭骸骨がくぼんでいるものが何体か発見されており、生前において何らかの圧力が加えられたものと推測できる。

写真でも見られるが、岩絵に用いられる題材は人物、動物、記号の三種類に大別できる。人物の服装は多くがズボンを着用したり、スカートをはいていたりする。写真のように、頭上に羽毛の飾りを挿したのも目立つ。動物図案では馬が圧倒的に多く、岩絵総数の七十パーセント以上を占める。騎馬の動作が巧みに描かれていて、高度な乗馬技術をもっていたことが予想できる。写真左下の岩絵は「鄧家岩」で発見されたもの。一頭の馬がまさに厩舎の中に入って行くところだと解釈されている。

しかしまだまだ、大部分の図案が意味の解明はなされていないという。

どのようにして絶壁に懸けたか

そして最後の問題。どのような方法でもって断崖絶壁に大きい棺を懸けたのだろうという疑問が残る。ある人は、崖の上に滑車を取り付け、舟をつかって引き上げたと言う。ある人は、絶壁に栈道を作ってその上で作業をし、棺を置いたら栈道を外してしまうと言う。「上攀《じょうはん》」説や「下垂《かすい》」説もある。しかし、いずれの説も実証されていない。

私はバスに乗って「懸棺の郷」を後にした。走り始めて間もなく、前方からひとりの農夫が二本の長い竹を引き摺りながら歩いて来た。道端に寄り、バスをやり過ごすために立ち止まった農夫を見た瞬間、「竹をつなぎ合わせて、長い梯子を作ることは簡単ではないか」と思った。それを何組も使って、共同作業をやる光景を頭に描いた。中国人は高層ビルを建設するのに、いまでも竹で足場を組むではないか。

バスは十五分ほどして停車した。地元の人が二名、乗り込んできた。上羅《じょうら》鎮である。「上羅鎮緑蔭堂あたりでは道路から懸棺を眺めることができる」ことを知ったのは私が帰国後のことである。

第九話

「没有銭」お金はありませんよ

ふたたび西南夷の地図

下の写真（昆明市の雲南省博物館にて撮影）はいまから約二千二百年ほど時代を遡った秦漢時代の歴史地図で、このころ現在の四川南部や貴州西部から雲南中東部にかけての地域に住む人々は「西南夷《せいなんい》」と呼ばれていた。滇池《てんち》を中心とする円は「滇国」の勢力範囲を示す。そして、左上の洱海《じかい》の周辺には「昆明国」があった。

雲南省で一番大きい湖は滇池で、琵琶湖の約半分の広さ。次に大きいのが洱海で、耳の形をしているところから名づけられた。滇池地区と洱海地区はともに大きい湖を囲む平野で、農業に適した自然条件を備えていた。新石器時代から稲作が行われた形跡があり、深い文化の蓄積があった。

そこに、前漢の武帝が本格的な経営に乗り出してきた。大軍の前に、貴州西部の夜郎国と滇国は膝を屈するが、昆明国は抵抗をやめない。一

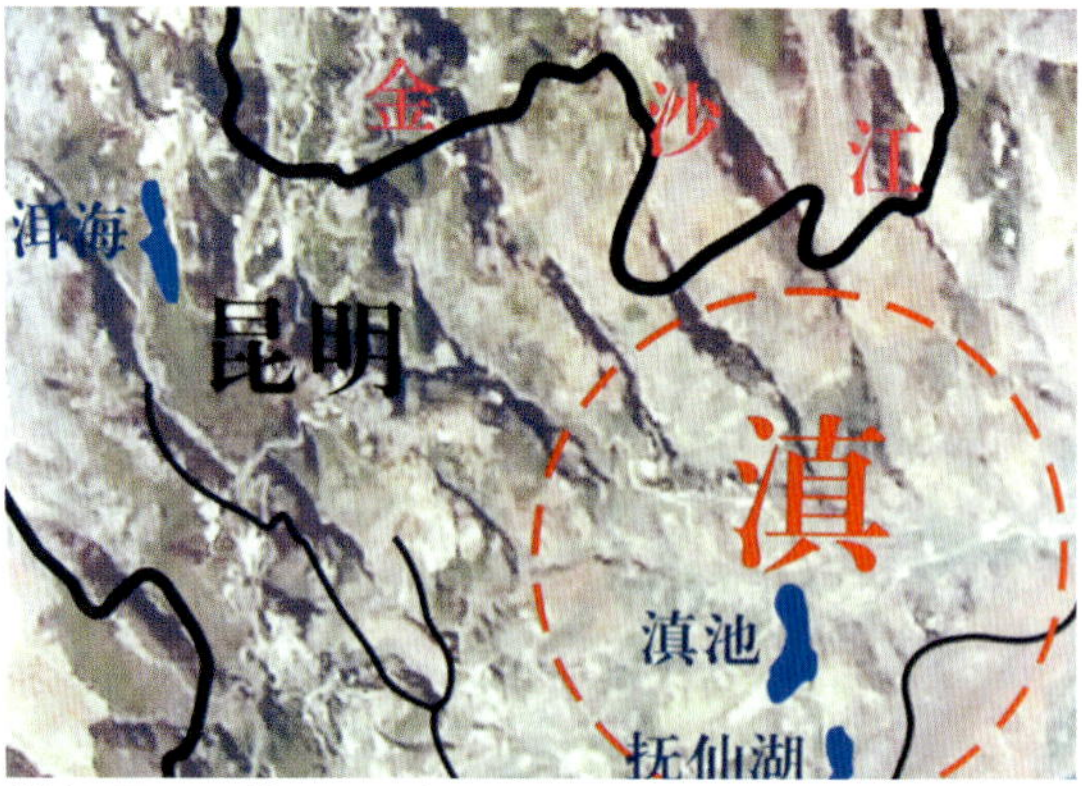

滇池の周りには滇国が、洱海の周りには昆明国が大きな勢力を持っていた。紀元前3世紀ごろ。雲南省博物館にて撮影。

時的に漢軍に制圧されてもすぐゲリラ戦で反乱を起こすという具合であった。

司馬遷と西南夷地区

こうした状況下、後年『史記』をまとめることになる当時二十五歳の司馬遷が昆明国にやってくる。ここでいう「昆明国」は現在の昆明市とは何の関係もなく、洱海地区の周辺、現在の地名でいえば大理市に存在していたので注意が必要である。

藤田勝久『司馬遷の旅』(中公新書)を見てみよう。

このあと司馬遷は、元鼎六年(前一一一年)に西南への旅をした。大史公自序は、その経過を簡単に述べるが、この旅行は皇帝の巡行とは目的がちがっている。(略)ここに於いて、わたくし遷は、仕えて郎中となった。のちに使を奉じて西方は巴・蜀の以南を征し、南方は邛《きょう》・筰《さく》・昆明の地を略し、還って命を奉じた。それは使者となって、西南夷の諸民族の制圧に赴く旅であった。

李長之著、和田武司訳『司馬遷』(徳間書店)にも同様の記述がある。

翌年(元鼎六年、司馬遷二十五歳)こんどは巴・蜀・滇へ奉使した。これは漢朝の西南夷経営にかかわる重大事であった。(略)司馬遷の奉使地は、先人たちよりも遠くて、巴・蜀以南の邛・筰(西昌一帯)の地ばかりで

司馬遷の肖像画(『三才図会』より)。中国古代史は、彼抜きには語れない。

なく昆明まで及んだ。
「司馬遷こだわりの旅」を続けたい。

「五尺道」を西へ

二〇〇六年十一月、私は「西南シルクロード」古道探しの旅を再開した。ここで、第四話四十九ページの「西南シルクロード略図」を見ていただきたい。スタート地点は雲南省の省都・昆明で「五尺道」をひたすら西へ向かう。楚雄から大理を経、さらに西進して「博南道」に入り、保山や騰衝といった、雲南省西部の街まで行くことにした。ガイド役は雲南科技国際旅行社のSさんこと佐藤宏孝氏、運転手の楊文彦氏、それに私の三人旅である。ふたりとも三十代前半で呼吸が合うのだろう、道案内や運転技術がきびきびしており、仕事ぶりが小気味よい。恵まれた旅になりそうな予感がする。

滇緬公路

今回の旅は、雲南省を東から西へ横断する。そのルートは二千年前も今も変わらない雲南省の大動脈・メインストリートである。古代には四川を出発点としてこの道を通り、最終的には身毒《インド》に至ることから「蜀～身毒道」と呼ばれ、現代では「滇緬公路《てんめんこうろ》」と呼ばれる。「滇緬」とは雲南省の略称「滇」と緬甸《ミャンマー》の「緬」を合わせたもので、昆明市からミャンマー国境の街・畹町《ワンディン》とを結ぶ全長九百五十九キロメートルの国際道路であるが、さらに高速道路がこれに加わった（二〇〇七年四月現在、昆明～保山開通）。

昆明市街地に立つ"滇緬公路"の標識。雲南省を横断してミャンマーに至る国際道路の出発地点。

看板デザイン会社を経営する楊文彦氏（左）と雲南科技旅行社のSさん（右）。楊さんの愛車の前で。

雲南省は日々、進化する。二〇〇六年十一月に昆明から楚雄まで自動車で三時間半かかっていたのが、翌年三月には二時間半で行けるようになった。高速道路の接続がスムーズになったからだ。しかし、私たちの旅は早く着くのが目的ではない。高速道路を途中で降りて、でこぼこ道に入り込むことが多い。車では走れない、道なき道を探す旅なのだ。

煉象関

最初の目的地は禄豊県腰站村。三百六十年前の姿がほとんど変わらず今も見られるという。滇緬公路（国道三二〇号線、他にも「昆畹《クンワン》公路」とか、「緬甸《ミャンマー》公路」とか、「史迪威《シットウェー》公路」など様々な呼称があるが、ここでは「テンメンこうろ」で通したい）は山道をくだり、見晴らしが良くなったところで停車した。そこは右下の地図で言えば「A地点」である。

尾根道が開けて、小さな盆地が見下ろせた。山また山の雲南では、山あいに無数の盆地が点在する。これを中国語の西南方言（つまり四川、貴州、雲南一帯の方言）で「壩子《バーツ》」と呼ぶが、腰站村はまさに壩子の

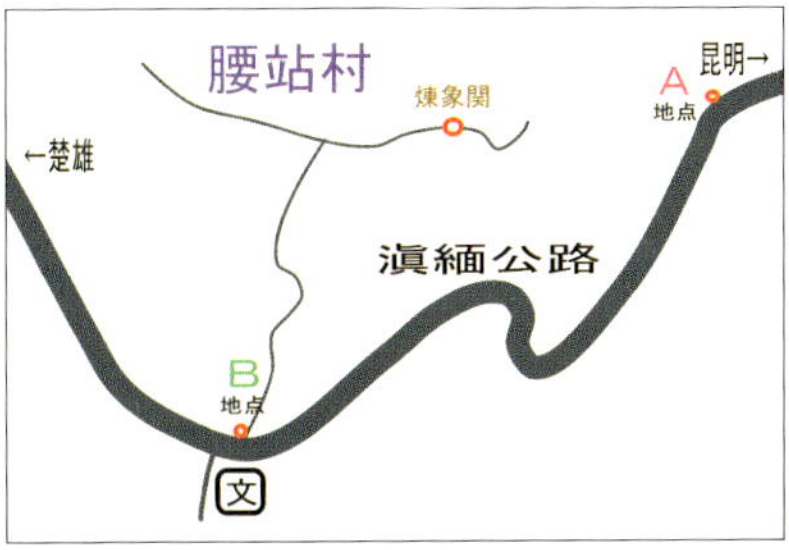

滇緬公路の開通前は重要な役割を果たしていた腰站村。現在では離れ小島のようである。

左上／滇緬公路上のA地点から腰站村を眺める。中央に煉象関がかすかに見えるだろうか。
左／"歴史文化村・煉象関"の案内板があるが見落としそう。B地点で撮影。

なかに存在する。手前に段々畑があり、「煉象関《れんしょうかん》」がかすんで見えた。A地点での簡単な撮影を終えて、車はさらに下る。

馬車

車は「B地点」で右折するのだが、標識は小さく、注意しないと通り過ぎてしまいそう。ここから二千二百メートル

腰站村の中心で驢馬が休憩、というより客待ちをしているところ。この地点での古い敷石は剥がされていた。

村を貫く古道はほぼ直線に近いが、起伏に富んでいる。石橋と組み合わされた楼門の一部。

干した農作物を道路に敷き、牛や人に踏ませて脱穀している風景。

300年の風雪に耐え、堅牢さを誇るレンガ積みの建物。

歩くと腰站村に着く。公路と村を結ぶ馬車があり、一年前は五角（約七円）だったが、いまは一元になっている。

腰站村

腰站村は東西に五百三十四メートルの長さで広がっていて、東端には大きな楼門「煉象関」が、西端にはやや小さい無名の楼門がある。明の崇禎十六年（一六四三年）創建という。翌年には明朝は滅亡してしまうのだから、むしろ清代に入って活用された関所といっていい。

東の煉象関を出ると昆明方面へ、西の楼門を抜けると禄豊を経て大理方面へ。この関は「西南の喉元、西南の抑えの鍵」と言われるほど重要な役割を果たしたという。交通の要衝として賑わったのだろう。三百六十年後のいまでも、レンガ積みの民家は風格がある。

陸の孤島

滇緬公路から完全に切り離され、車は通らない。のんびりと驢馬がいて、石畳の上には乾燥した農作物を敷き詰め、牛や通行人に踏ませている。どこの家の軒先にもトウモロコシが干してある。時代に取り残され、寂れていくだけの村。観光客も来ない。飲食店は一軒もない。それだけに、まるで何百年も昔の古道を歩いているような雰囲気だった。

乾燥させた豌豆を棒で叩いている農婦。あまり効率が良いとは思えないけれど。

どこの家でもトウモロコシを山のように吊るしている。食用として、あるいは家畜の飼料として必需品。

東の門

東端の楼門に向かう。石積みの高さは十メートル、幅が二十六メートル、奥行きは十メートルもある堂々とした楼門で「煉象関」の額がかかっている。Sさんの説明によると、「西南シルクロード」や「茶馬古道（雲南省南部の茶葉を馬に乗せてチベット方面へ運んだ古道）」が脚光を浴びるようになり、最近きれいに整備されたらしい。楼門の一歩外に立つと、下り坂になっているのがわかる。しきりに農作業をする村人が通る。背負った籠を覗くと、豌豆《えんどう》が入っていた。道のところどころに豌豆のさやが落ちていたりする。きっと今が収穫の時期なのだろう。

威風堂々たる煉象関。東端にある村の入り口である。右下にはカメラを構えるSさん。

「没有銭」お金はありませんよ

①

②

③

④

①立派な石畳だと思って見上げると、ひとりの老婆が休んでいるのに気づいた。
②ゆっくり、ゆっくり時間をかけて降りてくる。
③なにやらつぶやいている。よく聞くと「没有銭、没有銭」。お金は持っていませんよ。
④薪拾いが彼女の仕事なのだった。

私たちは門を出てみることにした。東、つまり昆明方面へ進むと、どんどん上り坂になる。立派な石畳が残っていて、見上げると老婆がひとり座っていた。

Sさんが先に上っていく。老婆とすれ違う寸前に彼は小型のデジカメを構えてすばやく写真を撮ろうとした。その後ろに私が続いていた。すると老婆が何事かつぶやいている。「没有銭」、「没有銭」と聞こえた。とっさに意味が分からなかった。そして、Sさんと話をしてようやく状況を理解した。老婆は彼をお坊さんと勘違いしたのだ。黄色のウインドブレーカーは法衣に、ニット帽は剃髪に、カメラを構えたポーズは祈りの姿勢に。そして彼女はお坊さんへの「お布施」の持ち合わせが無いことを詫びたのだった。

観光地では、どんな辺鄙な田舎に行っても少数民族の衣装を身にまとった女性や子供たちが群がってきてポーズをとる。カメラを向けるとお金を要求するのが常。それに比べてこの老婆の素朴さはなんということだろう。ごくまれにしか外部からの客が訪れることの無い腰站村に出会えたことは幸運であった。早晩この村も変わるに違いない、と私は思った。

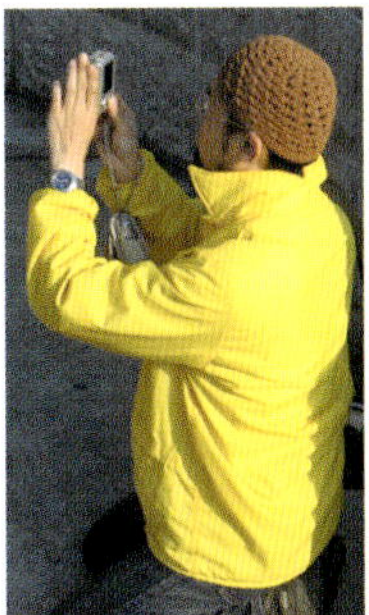

Sさんが撮影している。老婆はこれを"お坊さんの祈り"と解釈した。

西の門

いったん村に戻って、反対側の西端の楼門へ行く。煉象関に比べるとかなり小さい。しかし、昔のままの素朴さが残っている。門を抜けるとすぐ右側に共同便所がある。村人だけでなく、旅人も出立の前に用を足したのだろう。そのすぐ先に古井戸があった。西のほうからやって来た旅人は真っ先に喉を潤したに違いない。籠を背負った村人が遠ざかる。近くの畑へ行くのか、あるいは小さな山を越えて禄豊の街へ行くのだろうか。

上／これは腰站村の西端にある昔のままの古い楼門。道は禄豊を経て大理方面へ向かう。
下／村にいくつかある古井戸のひとつ。

第十話　楚雄の古い墓

食堂のない村

麺類を提供する店が一軒もない村、というのはこの煉象関が初めての経験ではあるまいか。私は少しでも長くこの村に滞在して、村人の話を聞きたいと思っていた。それには食事をするのが一番なのだが、食堂がないのである。これにはまいった。煉象関での取材を諦めて引き上げざるを得ない。滇緬公路に戻り、飲食店へ入る。お腹が空いていたせいか、すごく美味い。きしめんに似た、幅のひろい米線《ミーシエン》であった。

煉象関の地名は、元〜明時代の史料に登場する。これを見ても、古来よりこの地が重要な位置を占めていたことがお分かりいただけるだろう。なお、左ページ地図の中央右に「富民」なる地名がある。今から百年以上前、この地を踏査した鳥居龍蔵博士（第六話参照）の記述を引用する。当時の中国は清代末期であり、昆明市は「雲南府」と呼ばれていた。彼は雲南府を発ち、富民から西進して元謀へ至るルートを歩いている。

雲南省を代表する米線。一杯2〜3元（約30〜45円前後）。肉入りだとプラス1元が相場である。

気候

麦の穂が青々と秀で、また豌豆の花・菜の花など、今を盛りと咲き匂って、さながら春の郊外の眺めである。今や季節は十一月の下旬であるから、日本の内地ならば、もう草木が霜に痛められて……。

（『中国の少数民族地帯をゆく』朝日選書）

と、彼は日本と富民一帯の気候の違いに驚いている。奇しくも私たちの旅も十一月なのだが、百年前の富民同様、腰站村の村人たちも農作業に忙しいのである。

ついでながら、これから向かう「禄豊」と「星宿河」の名も地図のうえで確認しておいていただきたい。

啓明橋

腰站村を出た私たちは、滇緬公路を西に走る。禄豊の市街地に入る少し手前で、旧道に寄り道した。

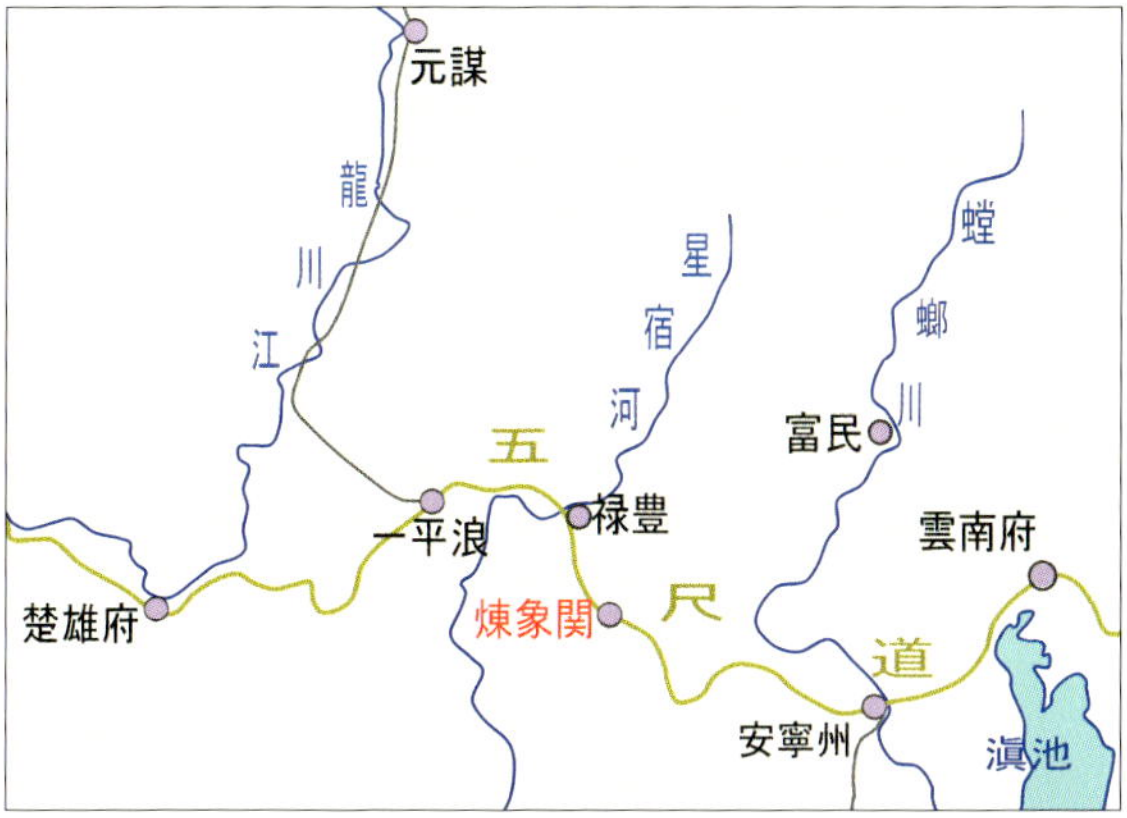

煉象関付近の地図。中国社会科学院編『中国歴史地図集』（第七冊・元明時期）を改編。

禄豊県の年平均気温は16.2度。日本でいえば高知市と同じくらいの暖かさ。11月でも田畑は緑。

「啓明橋」を撮影するためである。禄豊の市街地から南に三・五キロメートル、「南河」という小さな川に古い橋が架かっているという。指摘されなければ、そのまま走り過ぎてしまっていただろう。なんと言うことのない、ほこりっぽい石畳の道。この橋が明末の崇禎十四年（一六四一年）の創建というから、四百年近い歴史を持つ。一六四三年創建の煉象関とほぼ同時期の建築で、当時の経済、軍事両面で重要な意味を持っていたに違いない。長さ四十六メートル、幅九メートル、高さ六メートル。中央のアーチには龍の石像が飾られている。

星宿橋

車は禄豊の市街地に入った。街の中心部に向かうにつれ、あたりは一段と賑やかになるが、一方では牛が堂々と闊歩するのどかさを残している。「禄豊恐竜博物館」を見学する前に、もう一基の橋を見ることにした。

「星宿橋」は市街地の西寄りにあり、俗に「西門大橋」という。禄豊市街地の西部を流れる河には、広大な河原に満天の星のようにたくさんの石があ

旧道なので車の数は少なく、牛や黒い山羊を引き連れた村人が通る。

南河の水量も減り、水は3つのアーチのうち真ん中を流れるだけ。両側のアーチは土砂で埋まっていた。

るため「星宿河」という名前がついていて、その河に架けられているのが星宿橋。歴史は古い。明の万暦四十二年（一六一四年）の架設である。初代は木製だったらしい。清の雍正五年（一七二七年）に水害と地震で倒壊し、道光十二年（一八三二年）に再建された。七つのアーチを持った美しい石橋である。現在は、上流にダムを作るなどの水利事業が完成して水害の患もなくなり、川岸には柳が植えられ、橋を中心とした「星宿公園」が市民の憩いの場となっている。私たちが行ったときは乾期のせいか水も少なく、公園の係員だろう、泥の中から魚を捕るのどかな光景が見られた。

栄枯盛衰

星宿橋は昔から「滇西（雲南省西部）」へ向かう大通りで、交通の要衝であり続けた。激しく水が流れていたために、橋身は赤い砂岩で築き、もち米をすった汁を混ぜた石灰で隙間を埋め、極めて堅牢なつくりにした。道光十二年の修建の際は、白銀一万両以上もの大金が投じられた。このように、その設置や沿革が誇らしげに石碑に記されている。しかし、今では「交通の要

高さ12メートル、幅11メートルの大きな門。禄豊市街地の西側にあり、奥の公園は街のシンボルになっている。

7つのアーチが美しい、全長108メートルの石造りの橋。明代の万暦43年（1615年）に架設。当時は木製だった。

逃げ場を失った魚たちは手づかみ状態だ。それにしても水のない河の末路は哀しい。

衝」としての役割を終え、橋は公園の一部になってしまった。そして、禄豊の街も高速道路の完成により、平凡な田舎町になりつつある。大理方面へ向かう圧倒的多数の車は、禄豊を素通りするようになってしまったからだ。

恐竜博物館

「禄豊恐竜博物館」に入る。一・七億年前の恐竜の化石は子供たちに人気だ。しかし、この展示室の参観は簡単に済ませ、八百万年前の猿人の化石(「禄豊古猿」、一九七五年発掘)と春秋戦国から後漢時代に至る青銅器群を見る。展示されている青銅器の数はそれほど多くは無かった。解説に、「禄豊の青銅器の特色としては、兵器と農具が主で、内容的には質朴で実用的なものが多い。当時の集落(禄豊)においては『農業の生産と戦争』が日常であったことを反映している」とあった。

博物館そのものは小さいが、禄豊の中心部にあり、子供たちにとっては格好の遊び場のようである。

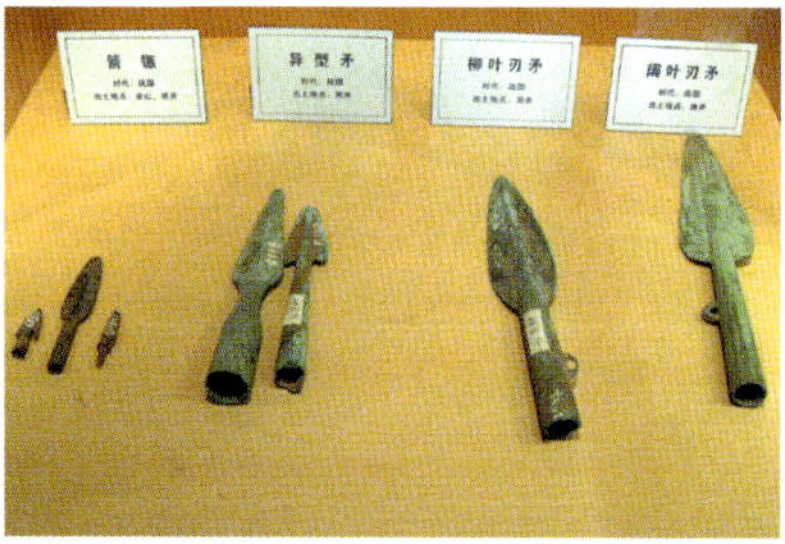
すべて戦国時代(前5世紀～前3世紀)に作られた青銅武器。矢じり(左端)と矛(右3点)。

戦国～前漢時代の鋤。武器のほうが農具よりも早い時代に発明されている。

禄豊恐竜博物館。目玉の展示品は恐竜である。入館料は15元(約210円)。"禄豊古猿"の化石も展示されている。

楚雄の墓

緑豊を離れ、車は一路西へ。滇緬公路をひた走り、楚雄彝族自治州（面積では日本の九州全土に匹敵する）の州都・楚雄に着く。東西に細長く大きな街で、道路は新しく、広い。西南シルクロードの古い道を探す私たちにとって、まったく「写真《え》」にならない街である。しかし最近になって、この中心街からさほど離れていない「万家壩《ワンジャーバー》」なる盆地から、古い墓が七十九基も発見されたのである。

西南夷列伝と楚雄の関係

以下は『史記』西南夷列伝の有名な一節である。

西南夷には十指をもって数えられる部族の首長がいるが、夜郎《やろう》が最大の国である。その西方にある靡莫《びばく》の諸国も、十指をもって数えられ、滇《てん》が最大の国である。滇以北には十指をもって数えられる部族の長がおり、邛《きょう》都《と》が最大の国である。これらの国の人々はみな「ついけい」（椎の形のように前後につきでた髷）をゆい、農耕をし、集落がある。それら諸国の西側、同師《どうし》から東、北は楪榆《ようゆ》までの地域は巂《すい》や昆明《こんめい》という名で呼ばれ、いずれも辮髪《べんぱつ》をゆい、家畜の後をついて移動し一定の住所をもたず、部族の長もいない。

論点を二つに絞ろう。ひとつは、「靡莫の諸国」とは今私たちのいる楚雄一帯ではないかということ、もうひとつ

北京原人よりも古い“元謀原人”。1995年に門歯の化石が発見され、話題となった。

楚雄彝族自治州は恐竜で有名な禄豊・元謀の両県を含むので、この博物館にも恐竜の陳列室があり、人気を呼んでいる。

は、部族によって異なる髪形の解明である。

楚雄の古名か？

　四十六ページの『西南夷地図』を参照しながら、司馬遷の文を読んでみる。膨大な史料および研究蓄積のおかげで、夜郎（貴州省畢節地区付近）、滇（雲南省昆明市付近）、邛都（四川省西昌市付近）、昆明（雲南省大理市付近）の位置は、その居住地がほぼ特定できる。だが、「靡莫」の位置についてはよく分からない。

　中国の考古学者・劉弘氏は「楚雄は靡莫の分布地帯である」と指摘している（「金沙江中流域における考古学文化」クリスチャン・ダニエルス編『四川の考古と民俗』所収）。金沙江中流域の北岸（四川省）、南岸（雲南省）全域の考古学文化を綿密に比較調査した氏が、「『史記』西南夷列伝の記載は、当時（前漢初期）の実際状況を客観的に反映している」と言う。私にも「靡莫は楚雄のあたり」という説は正しいと思われる。

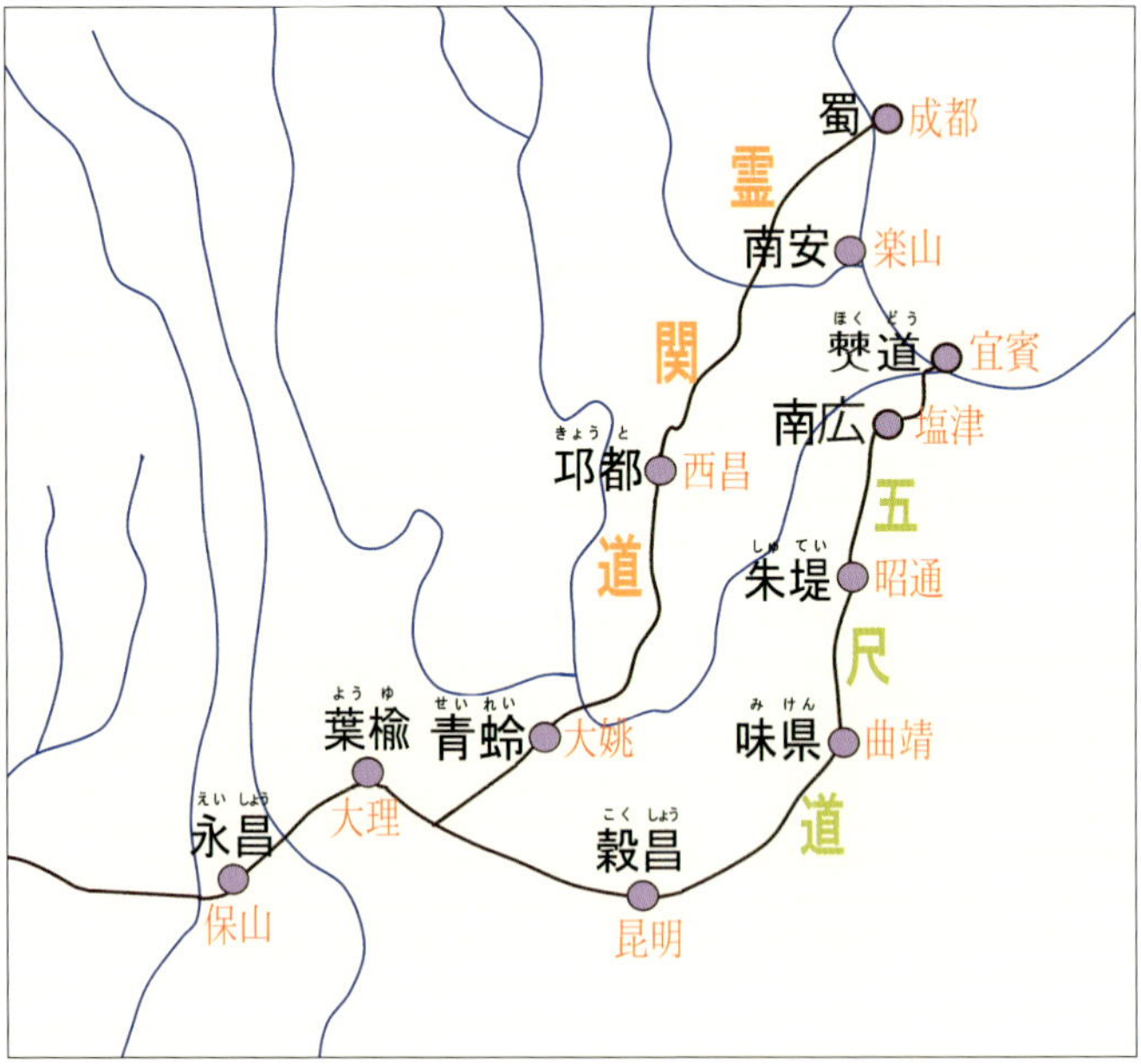

後漢時代（2000年前）の西南シルクロード地図。赤字は現在の地名。

髪型

次に移る。下の写真は司馬遷が「ついけい」と呼ぶ男性の髪型である。「椎髻」と書く。中国の少数民族に見られるまげの一種で、髪を木槌のような形に頭の上で結んだもの。雲南省博物館に長く勤め、「石寨山・李家山」遺跡から出土した青銅器類を長い間研究した張増祺氏は次のように書いている。「青銅器の立体的な彫鋳が多く、青銅器に描かれた絵もあって、人物の総数は五百名を越える。祭祀、紡織、戦争、放牧、狩猟、舞楽など、当時の滇国の社会生活の実際を表している。女性の髪型は比較的複雑だが、男性は単純で椎髻が主流。統計的に言えば八十パーセントを占める。貴族も祭祀の執事も騎士も船頭も狩人も踊る者も料理人も椎髻である」(『滇国与滇文化』)。

女性の場合は次ページ写真のようにな

上／“男性銅俑”。巻貝形の髪型を結っている。
左／滇国の上流階級、平民、さらにその下の半従属民もこの髪型である。

る。「最も流行の髪型」ではなく、一般の髪型として定着していたのだろう、「長幼、貧富の別なく」、数字で示せば百五十三人中百三人（六十七パーセント）を占める。肩まで伸ばして、その先で結んである「銀錠髷《ぎんじょうまげ》」と呼ばれるヘアスタイルである。

辮髪

そして青銅器の図像のなかに、少数だけれど辮髪の男たちがいる。髪を編んで後ろへ長く垂らしたもの。二十五ページの写真「吊人銅矛」を見ると、受刑者の髪型が辮髪である。先の張氏は、彼らは恐らく滇国より西方に住んでいた「昆明」人に違いない、と述べる。捕虜あるいは奴隷の多くは昆明人である、とする氏の論拠は司馬遷の『史記』西南夷列伝である。彼ら（男だけで無く女の奴隷もいて、やはり辮髪である）は集落内で最も重い労働を課され、行動の自由はなかった。彼らの末路は、ある者は祭祀のいけにえとなって虎や豹の餌となり、ある者は奴隷主の墓に殉葬された。

“女性銅俑”。通常、農業や手工業の生産に従事し、多くがこの髪型をしている。

武器と農具

さて、話を楚雄地区の墓から出土した文物に戻したい。私たちは楚雄市中心部にある「楚雄彝族自治州博物館」に来ており、建物の大きさに比べて多いとは言い難い展示品を眺めているところである。

雲南省で発見された青銅文化遺物の数量は大変多い。出土地点もほとんど全省に及んでいる。そのうち、「石寨山」、「李家山」など、本書で取り上げた滇池周辺の遺跡群から出土した文物が質、量ともに群を抜いているが、その次に考古学者たちが注目している遺跡のひとつが、ここ楚雄の墓なのである。

七十九基の墓が発掘されたことは既に述べた。出土文物の年代は大変古く、紀元前五世紀、あるいはさらに早い時代の文物だと見られる。大きくて豪華な墓が十三基、小さくて粗末な墓が六十六基あり、明確な階級社会が存在していたことを示す。そして、副葬された青銅器のほとんどは生産道具と武器であった。中原でいう「春秋時代」の中期には、この地でも発達した稲作農業が成立していたこと、同時に禄豊と同じく「戦争が日常」であったことを物語っている。

祥雲県大波郷の墓より出土した銅棺。2007年3月、昆明の雲南省博物館にて撮影。

牛を筆頭に馬、羊、豚、犬、それに鶏の"六畜"。祥雲県の墓より出土。戦国時代のもの。

楚雄の古い墓から出土した、筋の入った矛。副葬品の中では圧倒的に数が多い。

祥雲県大波那の墓

そしてもうひとつ、洱海地区に属する祥雲県大波那の墓との関係が注目される。ここで発掘された重さ二百五十七キログラムもある青銅鋳造の棺は、中国では最古にして最大の棺である。高さ七十九センチメートル、長さ二百四十三センチ（底部は百九十八センチ）、幅七十六センチ（底部は六十三センチ）。大量の銅を使用、しかも高度な鋳造技術をもっていたことが知れる。前ページ左下の写真は家畜を造形したもので、「六畜」と呼ばれるものの一部。戦国時代の作で芸術的価値が高い。見ごたえのある出土品のほとんどはこの博物館に展示されておらず、銅棺と六畜は昆明の雲南省博物館に展示されていた。

祥雲県の墓の副葬品中には武器と農具が多く、剣、矛などの形は楚雄のものと同じである。そして祥雲県は、洱海の目と鼻の先に位置している。

大国と大国の狭間

先に紹介した考古学者・劉弘氏は、楚雄の墓から出土した各種青銅器総数九百点近くを整理・分類し、時代を前期・後期の二期に区分した。「前期墓から出土した器物は洱海地区青銅文化の要素をより多く有し、後期は滇文化の要素が顕著であるが、器物の諸相は器形、紋飾、工芸水準のどれもが正統な滇文化（李家山、石寨山墓の出土品）に比べて原始的である」（劉弘氏前掲書）と論じている。

楚雄一帯は、強い力を持った東の滇池地区と西の洱海地区に挟まれている。両者が戦争をするときは、常に巻き込まれていた可能性が強い。そして文化的にも両者の影響を顕著に受けていたことが分かる。双方の交流は戦時非戦時を問わず、頻繁に行われた。「西南シルクロード」が「滇緬公路」となり、さらに高速道路に変わっても、楚雄を通らないわけにはいかない。雲南省の地形は迂回することを許さないのだ。

考古学VS司馬遷

楚雄および祥雲の墓から出土した青銅器文物は、当時の実態を雄弁に物語っている。大量の青銅製農機具が発見されているし、六畜がそろっていて家禽飼育業もかなり発展していたと思われる。現代考古学は、司馬遷がレポートした当時の状況のうち、「昆明国の人々は辮髪を結い、遊牧の生活を送る」の「遊牧」を否定している。つまり、「遊牧ではなく、農耕定住だった」と言うのだ。見知らぬ土地の伝聞ではなく、彼自身この地を訪れている。それなのに、彼のレポートでは「家畜の後をついて移動し一定の住所をもたない」とある。司馬遷は意図的に実態と違う記述をしたのだろうか。私は複雑な気持ちで、楚雄の大きな博物館を後にした。

博物館は山の中腹に位置しており、楚雄の街が一望に。雲南省では今後の考古学的発掘が期待されている。

第十二話

「五尺道」と「霊関道」はどこで合流するのか？

霊官橋

私たちの車は滇緬公路をひたすら西に走る。南華県の中心・龍川鎮から西に五キロメートル走った地点に「霊官橋」があった。事前に調べておかなければ、車は気づかずに通り過ぎてしまうに違いない。川幅は三十メートルくらい、さほど大きくない「龍川江」である。「滇緬公路」に併行してその橋は架かっている。

霊官橋が作られたのは明の万暦二十九年（一六〇一年）というから、四百年以上の歴史がある。橋の上に立って、下流にあたる南の方角を眺める。目の前に一九八一年に

霊官橋の長さは51メートル、高さ8メートル、幅7メートル。滇緬公路上より撮影。

霊官橋から下流にレンズを向けた。手前が滇緬公路で、その向こうにトラックが小さく見える。高速道路だ。

改修された滇緬公路が横切っていて、大きなトラックが走り去る。現在、私が立っている橋の上は旧道ということになるのだろう。そして、さらに前方数百メートル先に一九九八年に開通した高速道路があり、振り返って北の方向を仰げば鉄道線路が横切っている。一九九八年に開通した、広通駅から楚雄を経て大理に至る「広大線」である。このように、次々と交通上のライバルが出現した結果、霊官橋の役割は約三十年前に終了していたのだ。

しかし、霊官橋が誕生した当時は華々しかったに違いない。三つのアーチをもつ石橋はこの地方では唯一の存在であった。「鎮南八景」のひとつに数えられ、近在からわざわざ眺めに来る人たちさえいた。今はもう無いが、当時は橋の両側に模様を彫った石の柵がついていて、豪華な雰囲気を漂わせていたという。

車輌の交通量が増えるにともない急カーブが多い旧道は不便となり、一九八一年に新しい橋に架け替えられて以来、旧道はさびれるばかりである。

四百年前の道を私たちは確認した。しかし二千年前の「五尺道」となると、もう確認のしようがない。

孫を抱く老夫婦。「私の娘が1歳のとき、新しい橋ができた。いま27歳だから、26年前になる。孫はかわいいね」。

自動車が少なくなった旧街道。軒が連なった家並みが昔の賑やかさを偲ばせる。ここが街の中心だったに違いない。

『南方陸上シルクロード』

ここでひとつ報告しておかなければならない。私は第四話で「一九八六年の『三星堆遺跡』の発見を契機として『西南シルクロード』論議が始まった」と述べた。しかし、それ以前に『南方陸上シルクロード（原題・南方陸上絲綢路）』なる小冊子が発表されていたのである。徐治、王清華、段鼎周の共著で、後記によれば「資料集めなどは一九八〇年に着手した」とある。西南シルクロード関連本では、私の知る限りにおいて最も早い。脱稿は一九八一年十一月、当然ながら、未発見の「三星堆」に関する記述は一行もない。

多くの本がそうであるように『南方陸上シルクロード』にも「『霊関道』と『五尺道』は雲南駅で合流する」と書かれていた。

雲南駅

「雲南駅」の説明をする前に、これまで書かれる機会の少なかった「霊関道」について軽く触れておきたい。霊関道とは、成都から陸路を利用して西昌、会理といった都市を経、金沙江を渡って雲南省北部の永仁に入る街道である。かの「蜀の南征」の際、諸葛亮自ら率いる西路軍は、このルートを通って西昌にまで至ったという。

永仁から道は二手に分かれ、一方の道は元謀、富民を通って昆明市西北部に至り、もう一方の道は大姚、姚安を経て南下する。前者はともかく、後者の道が南下するからには、いずれかの地で「五尺道」に合流することになる。私たち

これは雨の茶馬古道、2006年5月撮影。

雲南駅茶馬古道博物館の入り口。奥行きは深く、大きな馬宿を改装したものである。説明によると馬一頭につき料金が設定されており、人間は含まれないとのこと。

は、「五尺道」と「霊関道」の合流地点が「雲南駅」だと当たりをつけ、滇緬公路を西下しているのである。

二〇〇六年年十一月、雲南駅に入った。今年二度目の訪問で、今年五月に来た時は雨のなかだった。正式には「祥雲県雲南駅鎮」という。「駅は駅馬に乗り継ぐ意。ゆえに駅車・駅伝の意となる」（白川静『字統』）。「駅」と言う文字が地名になっていて、昔はこの地方では最大の宿場町だった。何頭もの荷駄を率いた隊商を泊める宿が軒を並べていたのだろう。その一軒が博物館として残されていて、興味深い。

漢の武帝のころ、空に五色の祥雲（めでたい雲）があらわれ、吉の兆しだというので、朝廷に届けた。「慶雲南現」である。その話を聞いた武帝は、この地に「祥雲県」を設けた。

祥雲県の南にある宿場街が、すなわち雲南駅である。「雲南省」の名はここから発展したという説もあるが、「雲南省という呼称ははるかな後世、清朝になってつかわれた。おそらく、雲におおわれた蜀（四川省）の南にあるからであろう」（『街道をゆく（20）中国・蜀と雲南のみち』）とする司馬さんの説が正しいと思われる。

博物館

「荷駄隊文化博物館」の壁にあった説明図は、雲南駅がいかに交通の要衝で

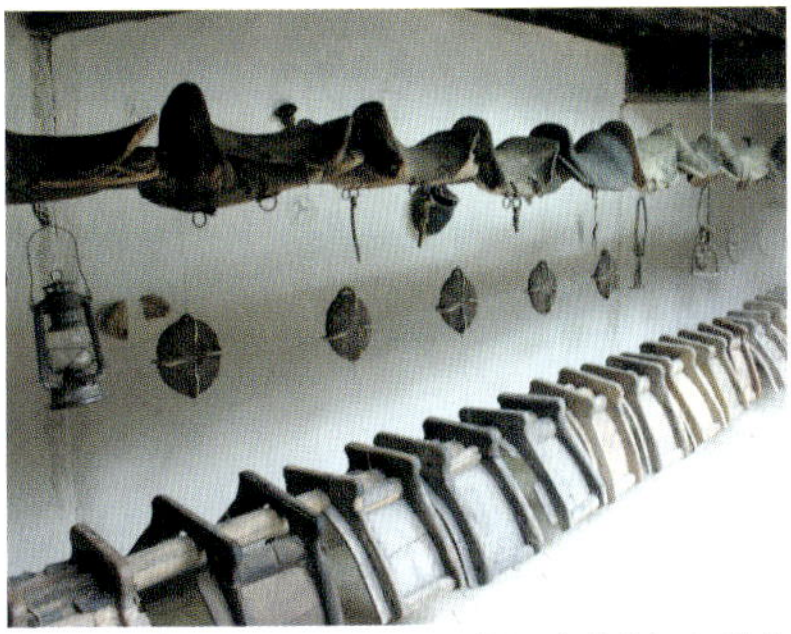

あくまでも主役は馬なのである。馬に食事をさせ、休ませるところが「駅」。鞍や鐙が展示してあった。

広場に展示されている飛行機のうちの1機。現代のそれに比べると、まるでおもちゃのように見えてしまう。

あったかを図式化して示している。東は楚雄、昆明への「五尺道」。西はミャンマー、インド方面への「博南道」。南北の道に目を転じると、南へは茶の集散地として名高い普洱《プーアル》へ、北西へは麗江からチベットへ至る道がみえ、これらを総称して「茶馬古道」という。そして、東北へは永仁、西昌を経て成都へ抜ける「霊関道」である。まさに扇の要、この中心に雲南駅が位置する。

飛行場

今では畑や草っぱらになってしまった飛行場について語ろうと思う。今から七十年前のことになるが、一九三七年の盧溝橋事件で日中は全面戦争に突入した。日本軍は中国沿海部の都市を占拠。内陸の重慶に移ることを余儀なくされた蒋介石の国民党政権は、アメリカ、イギリスからの援助物資を受け取るルートを次々と失って行く。

援蒋ルート

陸路で唯一残っていたビルマ（当時）から昆明への滇緬公路・通称「援蒋ルート」は、日本軍がビルマから雲南へ侵攻することによって遮断された、一九四二年のことである。やがて米英軍の支援を受けた近代装備の中国軍（国民党軍および彼らと結んだ雲南軍閥等の軍）は一九四四年五月から反攻を開始した。その反攻の基地になったのがこの飛行場である。

私たちはこの後も滇緬公路を西へ進むわけだが、ミャンマーへ近づけば近づくほど激戦地に入っていくのである。雲

赤い“ビルマロード”を日本軍が遮断したため、雲南駅が一躍、空の前線基地となった。雲南駅交通発展史記念館にて撮影。

敵の侵攻を防止するため、大河にかかる吊り橋を中国軍が自ら爆破する。交通発展史記念館にて撮影。

南駅は米、英、中の連合軍による急造の空軍前線基地であり、完全に制空権を奪われてしまった日本軍はその名さえ知るところではなかったろう。

「荷駄隊文化博物館」前に「交通発展史記念館」があり、当時の資料が展示されていた（前ページの写真参照）。この戦いで、国民党軍が最終的に日本軍を打ち破ったという事実を、国共内戦に勝利した共産党政権は長い間、認めなかったのである。

合流地点はどこか?

西南シルクロードの話に戻る。目の前をひっきりなしに自動車が走っている。国道三二〇号線で、現役の滇緬公路だ。道路の両側に並木があり、見通しのよい一直線である。さきほど私たちが通ってきた道路でもある。

「霊関道と五尺道は『雲南駅』で合流する」というのは間違いではないのだろうが、「どこか別の地点で合流して、雲南駅に至る」というのがより正しい言い方に違いない。要するに、私たちは合流地点を素通りしてしまったのだ。

科技旅行社のSさんが地元の青年たち数人に聞いて回るが、ぜんぜん要領を得ない。彼らも知らないのだが、それ以

左に滇緬公路旧道の標識が。写真では見えないが、15メートルほど前方で右から滇緬公路の新道が合流している。

楚雄方面へ至る滇緬公路の新道。上写真のオレンジ色のトラックもこの道を走り抜けていった。交通量が多い。

東西の西南シルクロードと南北の茶馬古道が交差する雲南駅は古くから栄えた。雲南省のほぼ真ん中に位置する。

前の問題として「それって何?」、大の男たちが大騒ぎすることかよ、と言う態度なのであった。

雲南横断二千キロの旅

こういう取材旅行では、「引き返して合流地点を探す」のは誤りであろう。まだまだ先の予定がある。疑問は疑問として残しておく。すっぱり諦めて、前へ進むのが正しい。「雲南横断二千キロ、西南シルクロードの旅」は、まだまだ前半戦である。結局この旅では、合流地点は分からず終いだった。

二〇〇六年十一月、「雲南横断二千キロ」の取材旅行を終えて一旦東京に帰った。それについては第十二話から第十五話で報告したい。ところで私は二〇〇七年三月、別の用事で雲南を訪れた。そして余った時間を利用して、未解明のままだった霊関道と五尺道の合流地点を探すことにしたのである。その顛末をここで述べる。

手がかり

ほんの僅かだが、手がかりはあった。ひとつは『謎の西南シルクロード』の二十七ページに「東西二線は雲南駅の東、普朋で合流する」の一行を見つけたこと。同書の目次には「東・西線の合流地」として、雲南駅を二枚の写真と見出しつきで大きく取り上げている。何度も読み返すうちに、そのことに気づいたのだ。

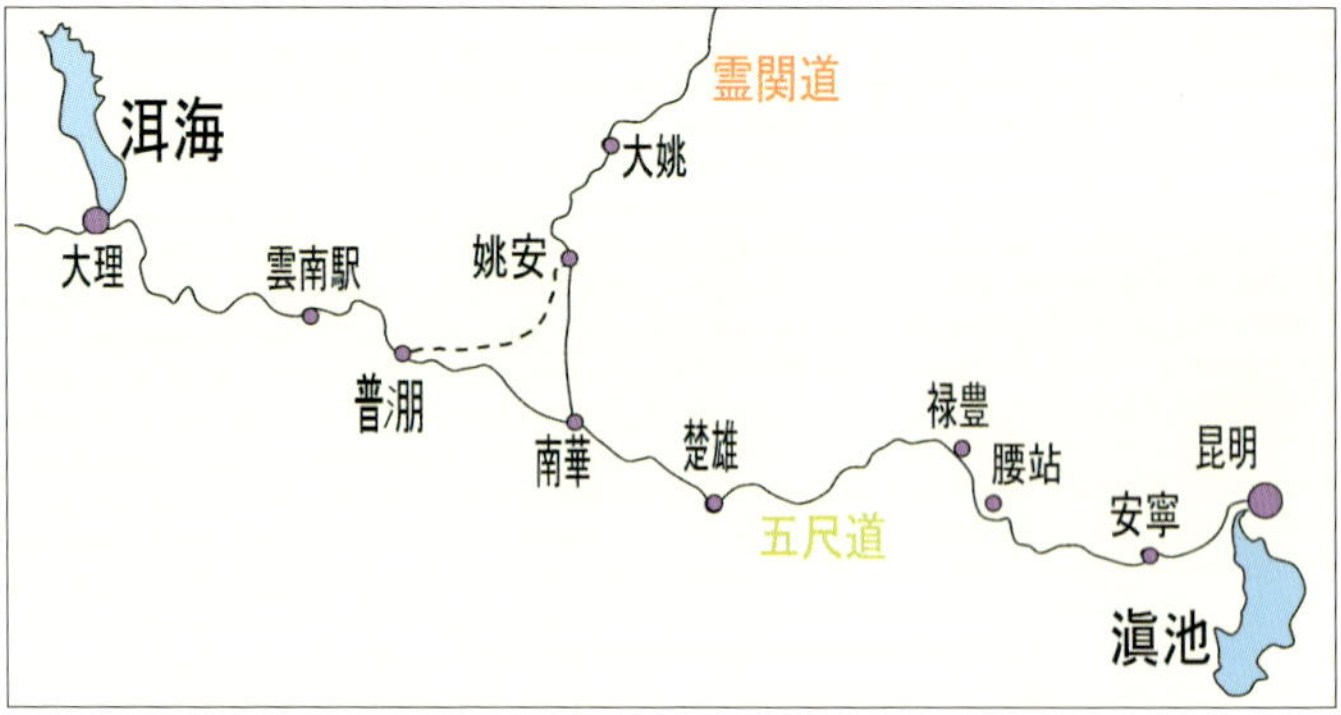

昆明〜楚雄〜大理の地図。姚安と普淜を結ぶ点線が霊関道である。現在も道はあるが、私たちの車で通行するのは無理だった。

もうひとつが、最初は渋っていたSさんが同行することになった時点で見せてくれた地図。そこでは、「霊関道」と「五尺道」が雲南駅のやや東方の街で交わっていた。文字が潰れていてはっきりしないけれど、「普」の文字だけは読める。何と読むのか分からないが、とにかく行くだけは行ってみよう。

普淜《プーピン》を探せ

その街を「普淜《プーピン》」という。前ページの地図を参照していただきたい。

二〇〇七年の三月、ふたたびガイド役のSさんおよび運転手の楊さんの三人で昆明を発ち、普淜に向かった。天気もいいし、行けばなんとかなるだろう。高速道路を降って滇緬公路に入り、山間の道を二十分ほど下ると、広々とした盆地が眺められた。しかしよく見ると、小さい盆地がいくつか繋がっているのだった。

三叉路

公路から分かれて、普淜の町に入る。旧い町並みと開発中の新しい町が同居していた。車を止め、私たちは旧い町並みを歩いた。狭い町で、すぐ白壁の建物にぶつかる。昔の集落の入り口、すなわち門に違いない。門を迂回すると、予想通り細い下り坂の

道を遮るかのような構造をした建物。集落へ入るための門なのだが、人は通行できない。"門の記念碑"なのか?

口数の少ない老人たち。こういう時、雲南出身の楊さんはうまく答えを引き出してくれる。標準語はなかなか通じない。

1990年に祥雲県政府によって建てられた碑。説明文こそ見当たらないが、五尺道と霊官道の合流地点に建てられたものに違いない。

道が続き、大きな石が敷き詰めてある。村の老人たちの話を聞く。山道を越えるとその先は雲南駅に続く、という。

古老だけでなく、若い人たちの情報も集めなければならない。一旦街の入り口まで戻り、四川省へ抜ける「霊関道」の合流地点も調べた。すると、祥雲県人民政府が立てた石碑のところで、道路が三叉路になっている。まさにそこが合流地点だったのだ。三叉路の空間には駐車場であるかのように、乗用車や小型トラックが停めてあった。

この道こそが「霊関道」

私たちは再び車に乗り、砂利道を進む。少し下り、今度は少し上る。暑い陽射しの中、革ジャンを着たライダーと農夫に取材する。それにより、二つの事実が確認された。ひとつは、砂利道を進み山を越えると姚安《ようあん》県に至る、つまりこの道が「霊関道」であること。もうひとつは、私たちの車で「霊関道」を通行するのは無理だろう、ということだった。

私の賭けは見事、的中したのだ。雲南駅と普淜とは直線距離では二十五キロメートルも離れている。いくら前者

この道が霊関道である。翌日の取材で確認することになる"連廠橋"を渡り、姚安～大姚、さらに四川省へと向かうルートだ。

左に見える集落が普淜。右の小高い丘を霊関道が越えていく。かなり離れた高い地点から撮影。

の知名度が高く後者がそうでないからといって、合流地点を前者にするのは不正確極まりない。はっきりさせるべきだ、「五尺道と霊関道は普洱で合流する」という事実を。

興奮が冷めると、途端に空腹を覚えた。昼飯をとりながら、これからどう動くかの相談をする。とりあえず、普洱の近く（と言っても八キロも離れている）にあるお寺を参観する。「明日は姚安県にある連廠橋《れんしょうきょう》へ行って、このルートが『西南シルクロード』の一部である証拠を押さえましょう」とSさん。初めは半信半疑だった彼にも、私の興奮が伝染したようである。そこで、南華県から姚安県へと走り、連廠橋を確認することにした。かなりの大回りである。道路の状態や天気次第では、予定がどうなるか分からない。

右に見える集落が普洱。左の小高い山を越えて西に進むと雲南駅。細く、白い筋がおそらく古道だろう。

普洱の取材が大成功だったので、「乾杯!」。この日は南華県に宿泊。ふたりの健闘に感謝して、ご馳走は食用ガエル!

籠を背負った村人が雲南駅の方へ歩いて行く。近くの畑かと思われるが、方向は雲南駅のほう。

連廠橋

南華から姚安へ北上するルートは驚くほど良い道路だった。まるで高速道路のようである。広くて新しい有料道路で、「高速道路」とはどう区別されるのか分からないけれど。とにかく予想を上回る速さで姚安へ到着。繁華街の中で一度だけ車の運転手さんに行き方を尋ねただけで十九キロを走り抜け、連廠橋を探し当てた。

その橋は数度の改修がなされたため保存状態が良く、現在まで命を永らえたものであった。だが、現実には車や馬車は通れない。誤って車が通らないように土を盛り上げて、車止めしている。ときおり、農夫や子供たちが歩いて渡る。

橋の案内板を読む。「この橋は『西南シルクロード』の通過点である。漢、唐の時代以来、中原の商隊や官兵などはすべてこの橋を渡った。成都、金沙江を越え、ここを経て洱海地区、さらにミャンマー、インドへと往来

道が下りになり、「まもなく目的地です」と言われたので車を停めてもらう。木立の間から遠く菜の花畑が見えた。

連廠橋は今から420年前に創建された。長さ30メートル、幅6メートル。現在、車輌は通行禁止。橋の両端に盛り土がしてあって通れない。

した」。お終いの部分が薄れて文字が読めなくなっているが、おそらくこんな内容であったに違いない。別の資料にはそう書かれていた。

我々が下りて来た方向を撮影。馬車が数人の客を乗せて走ってくる。もちろん、左側の新しい橋を渡る。

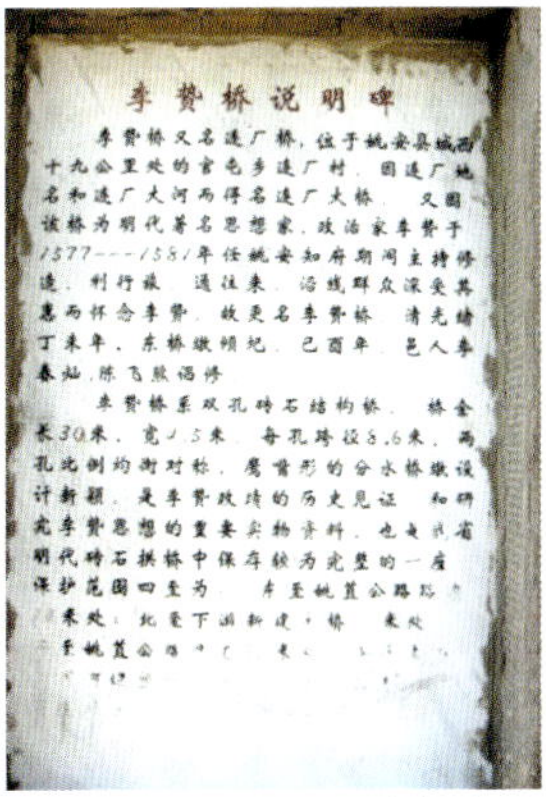

明の万暦6〜8年（1580年）に知事の李贄が完成させたので「李贄橋」とも言う。彼は福建の出身の政治家だが思想家としても知られた。

橋の傍らに立つ説明文では幅が4.6メートルと書かれているが、手持ちの資料には6メートルとある。どちらが正しいのか。幅を実測する楊さん（左）とSさん。

ふたつのアーチの下を水が流れるのだが、乾季なので水量はない。昼休み、食事に帰る子どもたち。

司馬遷が通った道

「司馬遷もこのルートを通ったのではないか」という考えが浮かんだ。勿論、連廠橋は明代に架けられたものだから、その何代も前の橋になる訳だが。

繰り返しになるが、司馬遷は『史記』太史公自序で、「使を奉じて西のかた巴蜀以南を征し、南のかた邛、筰、昆明を略して、還って命を報じた」と述べている。そして「昆明」とは現在の昆明市ではなく、洱海地区に勢力を張る「昆明国」のことであることも第九話で述べた。

私の手書きの地図で確認すると、司馬遷は「成都〜邛（四川省西昌市）〜大姚《だいよう》〜姚安〜連廠橋〜普淜〜雲南駅〜大理」というルートを往来したはずである。ほぼ百パーセント間違いなかろう。

橋の存在を確認して、引き返すことにした。ふと、司馬遷が騎乗か徒歩かのいずれにしろ、彼が見たであろう二千年前

昼休みは2時間。生徒たちは家で昼食をとり、また学校へ戻る。学校と家が離れている場合、早めの昼休みとなる。11時半ごろの撮影。

山羊の群れが道路を横切る。車の少ない山道なので、わがもの顔に横断している。停車してやりすごすしかない。

元気な少年。司馬遷が通過した時代の道は狭かっただろう。しかし、彼もこのような子供たちとすれ違ったはずである。

以前は森林が多く、畑は少なかったのだろう。しかしこの眺望は変わらない。黄色い菜の花も咲いていた。

の光景を撮影しよう、と思い立った。それには連厰橋から姚安まで、十九キロの山道がいい。山道は変えようがないからだ。黒い山羊の群れ、明るい子供たち、菜の花畑、みずうみ、牛。

姚安県の公園、大姚の白塔。その他には印象に残るものはあまりない。平地に出ると撮影する意欲はなえてしまった。道路は広く、車が少ないので帰りは早い。見渡す限り畑のなか、スイカを収穫し、即売もする小屋があった。車が何台か停車している。私たちもつられて、お土産に三個ばかり買う。楚雄彝族自治州では三月がスイカの旬なのである。

大姚県の中心に立つ白塔。高さ約18メートル。様式は中国でも他にあまり類を見ない。サンスクリット文字と漢字を併記した経文などが彫っている。

広い道路沿いに屋根つきの作業小屋があり、女たちがスイカにネットを被せる作業中。試食させてもらったら甘かったので、つい3個も買ってしまった。

第十二話　霽虹橋をめざして

第九話から十一話でも触れたが、「雲南横断二千キロの旅」について説明したい。

雲南省横断

『西南シルクロード』に関わった以上、「昆明～大理～保山～騰衝」のルート、すなわち滇緬公路を横断しない訳には行かないのである。大理には三度ほど訪れたことがあるが、それから西は未知の世界である。初めは飛行機で保山へ飛び、現地で車を調達する方法を考えていたが、雲南科技国際旅行社のSさんに相談したところ、昆明で車をチャーターして滇緬公路を往復する方が経済的だろうということだった。そこで例のごとく、案内役をSさんに、運転手を楊さんに依頼して、楊さんの愛車で出発することになった。「車と運転手」に関して、一切合財ふくめてチャーター料は一日六百元の条件である。期間は一週間。

瀾滄江を撮影する楊さん。運転中しきりに携帯電話がなり、一旦停止して仕事の指示をすることが多くなる。

こうして二〇〇六年十一月十二日から十八日まで、「往復で雲南省横断二千キロ」を走破することとなった。中国の奥地を旅行する場合、車の運転手しだいで旅の成否が問われることが多いという。車の所有者、つまり個人事業所の経営者であり、かつ技術者でもある運転手は一行の中で強い発言権を持つ。機嫌を損ねると旅の途中で車ごと引き上げてしまうことさえあるらしい。幸いにも看板デザインの会社を経営している楊さんは、古道探しを面白がった。それに雲南省の旅行ホームページを製作中のSさん、そして私のトリオで旅がスタートしたのである。

永平県へ

雲南駅の取材を終え、車は大理方面へ向かう。大理古城での撮影は簡単にすませて、出発。いよいよ大理からさらに西へ向かう「博南道」へ入ることになる。今夜の宿泊地は大理市から六十キロメートルほど西方にある、大理白族自治州の永平県に定めた。舞台の中心となる「永平県」は雲南省のほぼ中央部に位置する。この地域の歴史を簡単におさらいしてみたい。

第十話で述べたとおり、春秋戦国時代、滇池を中心とした滇国と洱海を中心とした昆明国が競い合っていた。両者は常に戦争状態にあり、前者がやや優勢であったように見える。やがて、中原の王朝が雲南地方の経営に乗り出してくる。後漢の明帝永平十二年（後六九年）、後漢は永昌《えいしょう》郡（現在の保山市）を設置し、哀牢《あいろう》県と博南《はくなん》県を属せしめた。そのあたりが王朝の

大理のシンボル、三塔寺。主塔は南詔国時代の創建（836年）で、高さ69メートル、両脇の二塔はその後に建てられた。

支配の及ぶ最西端の地であり、「官道」としての「西南シルクロード」は事実上、全線貫通したことになる。「博南道」は幅二メートルあり、最も広い道路であった。

この時点で滇国の勢力は衰えたが、洱海周辺の部族は王朝への抵抗をやめていない。永昌郡の周辺は金、銀、銅、錫のほか貴重な物産が多く、官による収奪が激しかったからである。その後、後漢が倒れて三国時代には有名な「諸葛孔明の南征」などが行われたが、基本的には中原の王朝の支配力は弱まり、この地は漢族の支配から免れることになった。それは魏晋南北朝から唐宋時代になっても変わらなかった。四世紀中ごろから約四百年に渡って雲南東部の曲靖・陸良一帯を中心に活躍した、「夷化した漢人豪族」の「爨《さん》氏政権」、八世紀中ごろに洱海地区南部の巍山《ぎざん》より興起し、爨氏を倒して大理に都した「南詔国《なんしょうこく》」、そしてそれに続く「大理国《だいりこく》」までの計九百年間は、中原の王朝の影響をほとんど受けない「地方の時代」だった。それは一二五四年、モンゴル帝国《ウルス》の将軍・クビライの襲来によって終わりを告げたのである。

夕暮れの大理古城の背後にそびえ立つ4000メートル級の山、蒼山(そうざん)。大理石の産地としても知られる。

大理から南へ42キロ、南詔国発祥の地・巍山(ぎざん)彝族回族自治県。写真の古城は明代の洪武22年(1389年)に建てられたもの。

霽虹橋とは?

「博南道」を取材する今回の旅において、最大のターゲットは「霽虹橋《せいこうきょう》」である。難しい漢字であるが「霽」は「セイ」と読む。雨がやむ、晴れる、怒りがおさまるの意。そして「虹」はにじ。あの美しい虹の原義が「空をつらぬく蛇」であることを始めて知った。蛇は龍と同義である。「せいこうきょう」と読むのが正しいのかもしれないが、日本式に「せいこうばし」と呼びたい気分である。

霽虹橋はメコン河の上流、「瀾滄江《らんそうこう》」に架けられた大橋だった。博南道、つまり「西南シルクロード」上の越えなければならない最大の難所である。後漢の時代には「蘭津《らんしん》」あるいは「蘭津渡《らんしんと》」と呼ばれた。この当時の橋はどのようなものであったろうか。古い資料『滇西雑記』によれば、竹で編んだ縄をもって橋とし、攀じ登って渡るとある。人間ならばできるが、馬にそれはできない。そのため、先に渡河した人間が、筏の船に荷物と馬をのせて曳く。後漢時代はこの方式だったと考えられる。それがやがて、南詔国の時代には竹製の吊橋に、元の時代には木橋に、明の時代には鉄製の吊橋と、時代とともに進化した。橋の名が「霽虹橋」になったのは元代からである。

チベットを源流として雲南に入り、やがて南シナ海に注ぎ込むこの大河をどう越えるか。数千年来、両岸の住民は工夫をこらした。無数の渡し場のうちで最も歴史の古いのが蘭津渡である。近年の大洪水で橋は消失してしまったが、華やかな歴史を持ち、現在も橋の残骸が見られるという霽虹橋。そこは車でアプローチできるのか、撮影は可能なのか？

「博南」

私たちは永平県の「博南賓館」に宿泊した。永平県の中心は小さいけれど古い街で、「老街鎮《ろうがいちん》」という。夕食は屋台の鍋料理を食べることにした。鍋料理の屋台が軒を連ねる中、小さな男の子が母親の手伝いをしている店

地元の人も観光客も、安くて美味しい店を選ぶ。維持費や人件費がかからない屋台に客が集中するのは当然だ。

美味で安全な鍋物。3人でも食べきれない。ビール代も込みで合計35元（約500円）。雲南省の田舎は夏でも鍋物に限る。

があった。それが何とも言えずかわいらしいので、そこで食べることに決めた。

ところが、全く意外なことに、この店の女主人に話を聞くと、彼女は明日私たちが行こうとしている行程上に位置する「花橋村」の出身だという。出発前に準備した資料によると、後漢王朝はインドへの交易ルートを開拓するために莫大な物資と人力を投入したが、その際、特別に博南県を設立した。「漢の博南県は今の花橋郷にあたり、現在ある永平県の古い街とは違う」（鄧廷良『謎の西南シルクロード』）。つまり、後漢の永平十二年（後六九年）に設置された博南県の古城はここではなく、花橋にあったということになる。

私たちはほんの僅かな資料しか持ち合わせていない。このような機会を利用して地元の人から情報を収集するしかないのだ。

翌朝、出発前にホテルの女性従業員に話しかけたところ、彼女は霽虹橋に程近い「岩洞村」の出身であった。「大丈夫、車で行けます」とのこと。謝謝！　好意とアドバイスを受けつつ、私たちは出発した。

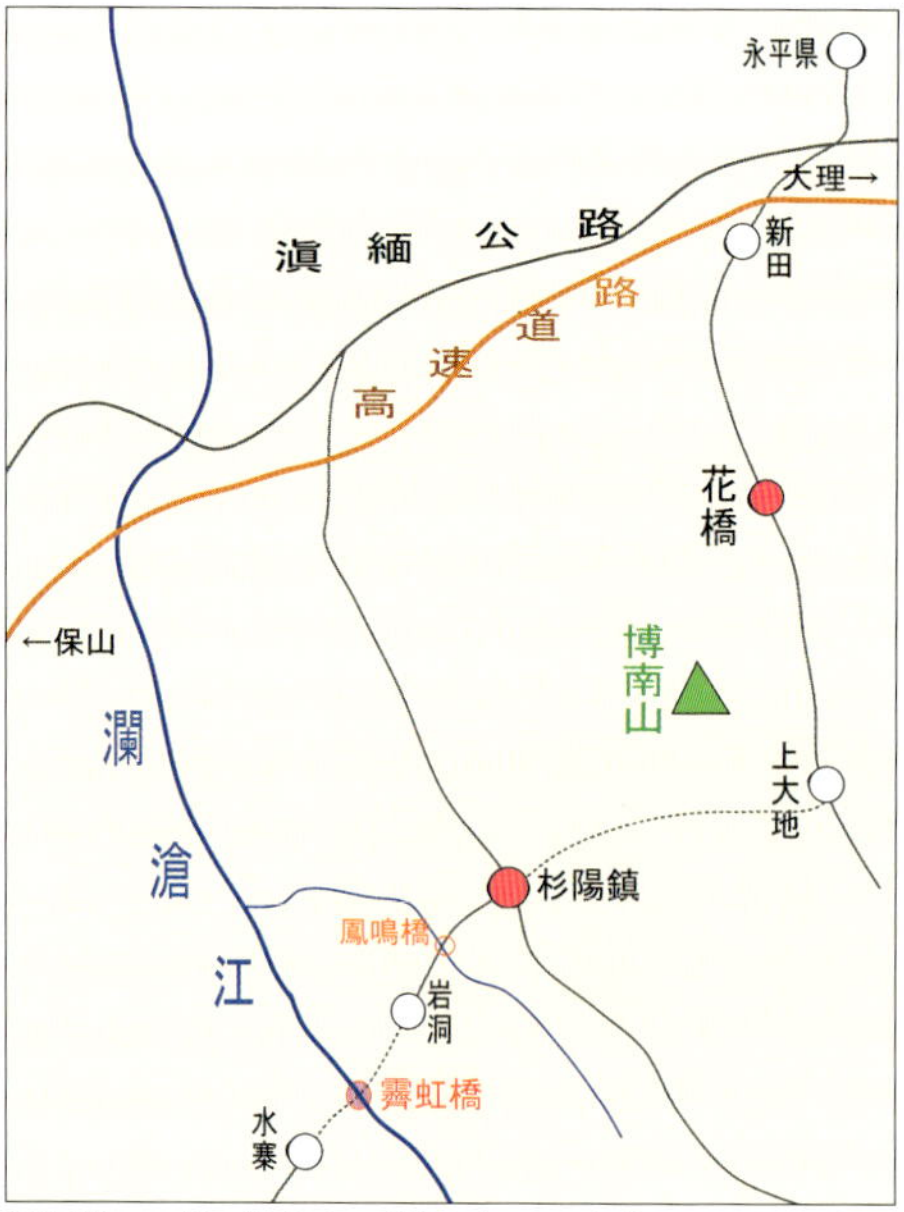

霽虹橋への道。博南山の位置がいまいち定かではないが、取材した地元の人々の意見に従って作成した。

永平県の中心街は道路も広く車も多いが、脇道に入ると驢馬が多くなる。食糧を補給しつつ、驢馬は進む。

こちらの牛（水牛？）は運搬用ではなく、農作業を仕事としている。永平県から花橋村へ向かう途中にて。

前ページの地図で、霽虹橋までの行程を見ていただきたい。

花橋

屋台の女主人から、「まずは滇緬公路を保山方面へ西進し、途中で左折して花橋へ向かう」と教えられていたが、それがなかなか難しい。一度左折地点を通り過ぎてしまい、作業中の人たちに聞いて引き返した。いかにも見過ごしてしまいそうな細い道だった。「新田」村の集落を抜け、道を尋ねながら進む。途中、永平県行きのミニバスとすれ違った。一日一便の定期バスらしい。バスが走っていることから、この道で間違いがないことを確認してホッとする。舗装のない凹凸の激しい道を四十分ほど走ったろうか、ようやく花橋へ辿り着いた。まさに古ぼけた辺鄙な村と言った風情である。

走って来た道と「博南道」が交差している。小学校の前に売店があった。このあたりが集落の中心らしいと見当をつけて停車。古道の道幅は二メートルほど、ゆるやかな坂道になっている。私たちは直感で下り坂のほうを選んだ。両側に土壁の民家があり、幼稚園があったりする。「博南道」が実際に町の生活道路として使用されているのに驚く。まさか、漢代の道そのままということはあるまいが。

11時から2時まで昼休み。彼らは5年生なので、隣村から歩いて戻ってきて昼食を食べる。大都会のような給食制度はない。

東から西へと抜けて行く博南古道の石畳。"西南シルクロード紀行"は石畳探しの旅なのかも知れない。

坊門

古道は東へ向かっていて、私たちは村外れまで歩いた。家並みが途切れ、畑が現れた。旅人が珍しいのか、昼休みの子どもたちが寄ってくる。土地の古老に話を聞く。「花橋村」は、「大花橋」と「小花橋」というふたつの集落に分かれている。この集落は「大花橋」で、東端に坊門がある。そこは「大花橋」の入り口で、昔は敷石が続いていた、それを剥がして畑にし、門だけ残したのだと言う。門を出てさらに下ると「小花橋」の集落がある。学校は二集落の共有らしい。

車を停めてある地点に引き返す。今度は古道を登ってみることにした、方向としては西である。五分ほど歩くと家並みが途絶え、完全な山道になっていた。山の向こう側にある「杉陽鎮」へは歩いて三時間半かかるということだった。時計を見ると正午を回っている。お腹が空いていたので、食堂を探したが一軒もなかった。

私たちは一旦滇緬公路へ戻り、大回りして杉陽鎮まで車を走らせなければならない。本日にはなんとしても霽虹橋を目指したいのだ。

東の町外れに立つ坊門。東西の町筋に門を立てたものらしい。古い中国に学んだ平安京にも坊門が見られた。

滇緬公路から瀾滄江を望む。花橋村から杉陽鎮への古道には車が入れない。大回りして杉陽鎮へ向かう途中でのスナップ。

ここが花橋村の西の外れである。昔は坊門があったのかもしれない。上大地村へ向かう道。

杉陽鎮

とにかく腹が減っている。杉陽鎮へ入ると真っ先に食堂を探し、その前に車を停めた。大急ぎで料理の注文をすると、私は街の人々に「どの道が博南道か?」を尋ね回った。Sさんは霽虹橋まで案内してくれる車を探している。あの「博南賓館」の女性従業員は「車で行ける」とは言ったけれど、話を聞いてみると、途中にかなり急な山道があり、地元の人でないと危険だという。結局、私たちは楊さんの車を諦め、若い男の運転する車に乗り込むことにした。

鳳鳴橋

悪路であることは覚悟の上だが、この若者の運転は乱暴すぎると思った。出発してしばらく行くと畑になり、ようやく落ち着いた。二十分ほど走ると川があり、橋のたもとで車が止まった。「ここは撮影する価値がある橋だ」とガイド兼運転手の若者はいう。そこは「鳳鳴橋」という古い橋だった。私たちが撮影している最中、二匹の驢馬と黒豚を連れた農夫が通りかかった。すれ違いざま、黒豚を橋の上で撮る。

鳳鳴橋。11月は乾期にあたり、水量はあまりない。白い鳥が2羽、水遊びをしていた。

杉陽鎮で撮影した博南古道。道はやや下り坂になっていて、瀾滄江つまり西へ向かう。

まるまると太った雲南の豚。日本の豚はいつも畜舎にいるので臭いを伴うが、一匹狼ならぬ一匹豚は臭いがない。

明末の地理学者で旅行家の徐霞客《じょかかく》は、長江沿岸から雲南、貴州各地をまわり、自然地理だけでなく風俗にいたるまで観察し、貴重な記録を残した。『徐霞客游記』である。崇禎十二年(一六三九年)三月、彼は大理府から博南道を通って永平へ行き、この橋を渡り、瀾滄江の大鉄橋を越え、対岸の水寨鋪から永昌府へ到着している。「その橋にあずまやがあり、曰く。鳳鳴橋と」。私が黒豚を撮影した中央部分に、かつては「亭子《あずまや》」があったらしい。

どれが博南山か

「岩洞」の集落を通り抜けると前方に山が見えた。これこそが私たちの目指す目的地で、山の向こう側を瀾滄江が流れているのだという。三十分間ほど走ったろう、車は蛇行する山道をゆっくり登る。手元にある資料によれば、現在走行中のこの山こそが博南山であると言うのだ。

「蘭津渡(霽虹橋の古名)は蜀~滇~インドをつなぐルートの境界線である。橋の東は雲嶺山脈系の博南山であり、橋の西が碧羅雪山脈系の羅岷山である」(周勇『時間之痕・南方絲綢之路旅行筆記』雲南人民出版社)。

しかし、杉陽鎮で地元の人々に「博南山はどれか?」と聞くと、皆がこの山ではなく、鎮の東方にある山を指差すのだ。私たちを案内しているガイド兼運転手の若者も同じく、杉陽鎮と花橋の間に横たわる山だと言う。「橋の東は雲嶺山脈系の博南山であり」の解釈の問題もあろうが。

どちらが正しいのだろうか。ちなみに彼らの言う博南山は、写真左のアーチ型の門から覗いている山である。

これが博南山だという資料もある。山の向こうに瀾滄江が流れていて、霽虹橋の遺構があることは間違いない。

江頂寺

山の名前はともかく、車は山頂付近に辿り着いた。まぎれもない博南道の痕跡が私たちを待っていた。それは摩滅した石畳とアーチ型の門である。霽虹橋が竹製の吊橋から鉄製の橋に架け替えられた明の成化年間（一四六五～一四八七年）に、時を同じくして山頂に大きな建造物が建てられた。徐霞客も「普済庵と言う。僧がいて、茶を飲ませてくれる。ここは頂上である」と記している。その寺の名を地元の人は「江頂寺」と呼んだ。現存の寺とは違い、もっと大きな建物で、門だけが残されている。

私たちを乗せた車が停車した。道路が崩れていてこれ以上進むことができないのだった。歩くことにする。黒い山羊が放し飼いにされていた。若い男が二名、誰もいない山頂

補修の跡が見られる江頂寺の門。“山頂寺”ではなく、どうして“江頂寺”なのだろうか。人々が畏怖する瀾滄江を“天上”に例えたのだろうか？

江頂寺の門額。右から“覚道遥”と読める。地元の人たちは“遠”の一字が欠落していて、“覚道遥遠”が正しいと指摘する。

山頂にある江頂寺。急ごしらえの祠に像が鎮座して、道行く人たちに話しかけるようだ。

博南古道は曲がりくねりながら瀾滄江の川岸まで下る。そこは蘭津渡の東岸で、昔の霽虹橋、現在では小さな吊り橋が架かっている。

土砂崩れで道路が崩壊していて、車ではこれ以上進めなかった。やむなく霽虹橋が見えるところまで、徒歩で案内してもらうことになった。

の小屋に寝泊りして山羊を監視している。オーナーが様子を見に立ち寄ったところだった。彼は瀾滄江の西側から吊橋を渡って来たという。

ついに霽虹橋へ

ガイド役の若者が吊橋と霽虹橋の遺構を一望できる場所に案内してくれた。この山の標高は二千百メートルほどある。遥か下方に瀾滄江が流れていた。三百ミリの望遠レンズで霽虹橋の遺構を捉えた。「世界で最古の現存する鉄製橋」とアメリカの専門家が書き記した（『保山市文化志』）霽虹橋。その歴史を遡れば二千年も前の記録がある。私たちは雄大な眺めにしばし見とれていた。

一九八六年十月十二日の大洪水で橋は流され、消失した。十四年後の一九九九年七月、やや上流に小型ながら鉄製の吊橋が架けられた。それは記録によれば、蘭津渡における二十一度目の修復であったという。なお望遠レンズで眺めると右上方で大型の工事が進められていた。これは大理から保山への鉄道延伸工事だろう。

霽虹橋。左側にアーチ型の門が見えるが、肝心の橋の部分が流失してしまっている。右上に最近できた小さな吊り橋が架かっている。

これは単なる落書きではない。梯子を掛けて本格的に彫ったものである。「西南第一橋」は明代に彫られたもの。漢字五文字分の長さだけで4メートルもある。

対岸から瀾滄江を渡って来た男性。11月は乾季だからいいけれど、4月から8月の雨季は水量が増えて大変だろう。

最後に、霽虹橋にまつわるエピソードを紹介したい。

「漢徳広、開不賓。渡博南、越蘭津。渡瀾滄、為他人」(『後漢書』西南夷列伝)。

三言六句の古い民謡が残されている。後漢王朝が永昌郡の支配を強化するため、哀牢・博南の二県を設置するのに多くの民間人を徴発した。そのときの民の恨みと悲惨さを歌ったもので、博南道と蘭津渡が既に存在していたことを立証している。

霽虹橋は清の康熙二十年(一六八一年)に修復され、橋の長さは百六メートル、幅三・五センチメートルになる。華やかさを競うように、橋の東側に武候祠、王皇閣、橋の西側に観音閣、御書楼などが建てられた。康熙皇帝の書「飛虹彼岸」を納めた御書楼と武候祠はとりわけ豪華絢爛で、黄金色の瑠璃瓦が輝いていたと伝えられている。

西側の岸から瀾滄江を撮影したもの。瀾滄江は流れが激しく、怒り狂ったように水しぶきが飛ぶ。

瀾滄江に架かる橋脚とトンネル工事の様子。現在、雲南省は道路や鉄道の敷設が盛んである。ベトナム、ラオス、ミャンマーへの物資輸送が主目的である。

第十三話 橋ものがたり

怒江へ

雲南省の西北部はヒマラヤ山脈の東端に位置しており、チベット自治区や四川省から始まる山脈が南北に延びている。タンタンリカ山、高黎貢山《こうれいこうさん》、怒山《ぬさん》、雲嶺山の四つの山脈の間は深い渓谷になっていて、大河が三本並行している。西から怒江《ぬこう》、瀾滄江《らんそうこう》、そして金沙江《きんさこう》という。成都を出発地点とする西南シルクロードは、四川南部でいちばん最初に金沙江を渡り、次いで保山の手前で瀾滄江を越えた。瀾滄江の渡河点は、第十二話の「霽虹橋《せいこうきょう》」であった。最後の難関、怒江を突破しなければならない。

二〇〇六年十一月十五日の午前六時半。「保山交通賓館」で目を覚ました。まだ暗い。北京に標準時間が設定されているため、西方の昆明からさらに六百キロメートルほど西に位置する保山の夜明けが遅いのは当たり前である。七時十分頃、ようやく明るくなる。このあたりは標高が千六百五十メートル、朝の空気は凛として気が引き締まる。簡単に朝食をすませて、保山を出

男3人の朝食は簡単だ。ホテルの近くには必ず食堂がある。人の群がっている店の味にはまず間違いがない。

発した。道路はよく、車の走りは快適だ。それにしても山が深い。昆明から大理までの風景と似てはいるけれども、その雄大さがぜんぜん違うのだ。幾重にも重なった山の先にある怒江をめざして、飛ぶが如くゆく。

ロープ橋

さて、怒江を語るとき「溜索《りゅうさく》」抜きでは話が始まらないだろう。これは滑って進むロープ、つまりロープ橋のことである。時には滑車を使う。怒江の両側は険しい山脈が連なっており、この大峡谷に降る雨はすべて怒江に流れ込む。渓谷は流れが急で、切り立った崖が多いため、雨季には怒涛のように渦を巻き、増水して一気に流れ下っていく。とても船や筏では渡れない。そこで登場するのが「溜索」である。

ネパールの例

残念ながら撮影する機会に恵まれなかったので、やや古い資料ながら、川喜田二郎『鳥葬の国—秘境ヒマラヤ探検記』（光文社カッパブックス）から引用したい。一九五八年に行われたネパール学術探検の報告である。

村人たちは大川の向こうをハルケン、こちら側をツルケンと呼んでいるが、村には橋がないのである。「おりからモンスーン期で、大川には、まるで墨汁を流したような濁流が、ゴウゴウと流れていた（略）橋がないかわりに、一本の太綱がツルケンからハルケンへと張り渡してあった。ヤクの皮を細帯状に切り、これをよりあわせた太綱である。

川幅が広いので長くなり、中央部分でかなりたるむ。さらに必要な道具としては滑り木がある。

パイプを短く半分に切ったように、堅木をくりぬいたもので、厚さは一寸もあろう。これを太綱にかぶせれば、滑りがよいわけだ。ガルボの外側には、平編みの細綱がさし通せるようになっている。

その綱を自分の胴にグルグル巻いて、勢いをつけて激流のほうに身を投げる。すると「川の真ん中以上向こうまでスルスルといっきょに走ってしまう」。それからの後半は自力で登らなければならないが、「もう腕が抜けそうな思いである」。

「‥‥村とお寺をつなぐ唯一の交通路。もし落ちたら命がない。小坊主たちは、じつに見事にわたる。ところが‥‥」。

「‥‥私（川喜田）がやると、『ウハッ!』。あやうく命を落としそうになった。さすがにもうコリゴリだ‥‥」。

現在も怒江に残るケーブル

これは五十年前のネパールでの体験報告だが、ロープ橋は二十一世紀の怒江にも残されている。現在では多くの橋が架けられているが、怒江の上流では今でもところどころに対岸へ渡るためのケーブルが張られている。ヤクの皮ではなく鉄製のケーブルに変わったけれども、基本的には同じ。往復できるように二本のケーブルが張られ、出発点を高くし、到着点を低くしている。そのほうが腕力に頼る部分を少なくできる工夫だろう。「落ちたら即刻、死」

という作業が、日常のなかでごく当たり前のように行なわれている。
一本のロープを「橋」とは呼ばないだろうが、橋の歴史を見ると一本の綱から二本となり、それが三本になって、原始的な吊り橋へと進化するのである。ここで「吊り橋」の定義を見る。『大辞泉』（小学館）には、「下部に橋脚がなく、両岸から張り渡したケーブルで橋床をつり下げた形の橋」とある。

ついでに、世界で最初の吊り橋の記録を調べてみたところ、『法顕伝』の記述が最古だとのことだった。東晋時代の仏僧・法顕《ほっけん》が長安からインドへ向けて仏典探しの旅に出たのが東晋の隆安三年（三九九年）なのだが、シルクロードを通り、パミール高原へ抜け、インダス川に架けられた吊り橋を渡っている。その旅行記を見てみよう。

吊り橋最古の記録

山なみに従って西南方に十五日進んだ。その道は険阻で断崖絶壁ばかり、その山は石ばかりで壁の如く千仭《せんじん》の谷をなし、見下ろすと目がくらむほどで、進もうと思っても足をふむ処もない。眼下に川が流れ、インダス川「新頭河」という。ここには昔の人が石を刻んで道を作り、傍梯《はしご》を作ってある。およそ渡ること七百箇所、傍梯を渡り、吊橋を踏んで河を渡った。河の両岸の距離は八十歩たらずである。この辺りはまさに九訳の絶する処であり、漢の張騫や甘英《かんえい》もみな至らなかったところである。

（長澤和俊訳注『法顕伝・宋雲行紀』平凡社）

五世紀の旅行記に「吊橋」と言う文字はない。訳者が分かりやすくしたものである。また、「傍梯」には「石に穴を穿って横木をさしこみ、断崖を渡れるようにした」の注があるが、絵がないと理解し難い。少し形は違うけれど、参考のために蜀の古桟道を紹介したい。四川省広元市の市街北方四十五キロ、古桟道はすでに廃れ、現存するのは明月峡の絶壁にある穴だけ。いにしえの長安から成都に至る重要なルートで、『史記』に「桟道千里、蜀漢に通ず」とあり、かつて秦が蜀を滅ぼすために開通させた。唐の詩人・李白が桟道の険しさを『蜀道難』で次のように詠っている。

ああ、危ういかな、高いかな！
蜀道の難《かた》きこと、青天に上るより難し

余談だが、第八話における、断崖絶壁に穿った穴を想起していただきたい。懸棺は「棺を置く」ことが、そして桟道は「板を並べ、道として歩く」のが目的である。用途は違うのだが、方法論としては全く同じである。

怒江大橋

いよいよ怒江が見えて来て、車は下り坂にさしかかる。十時五十五分、怒江大橋到着。保山から二時間三十分、小さな休憩を除けば、ほとんどノンストップで走り続けたことになる。車が止まったのは大きな橋の手前で、果物を売る店が並んでいた。まるで南国のよう、急に気温が上昇したように感じられた。

明月峡の古桟道跡。穴は400個以上あり、上段は屋根、中段は橋げた、下段は橋脚用にそれぞれ穿った。

明月峡の南部分に古桟道を140mほど再現したもの。紀元前316年にはすでにあったという。

ここで地図を見ていただこう。私たちは保山を発ち、高速道路を走り、国道三二〇号のルートを通って怒江大橋の前にいる。これが現在、昆明からミャンマー北部に至る幹線道路だ。保山から騰衝へ行く「西南シルクロード」の古道は怒江のどのあたりを渡河点としたのだろうか？　昆明を出発するときは「行けばなんとかなるだろう」と軽く考えていたのである。

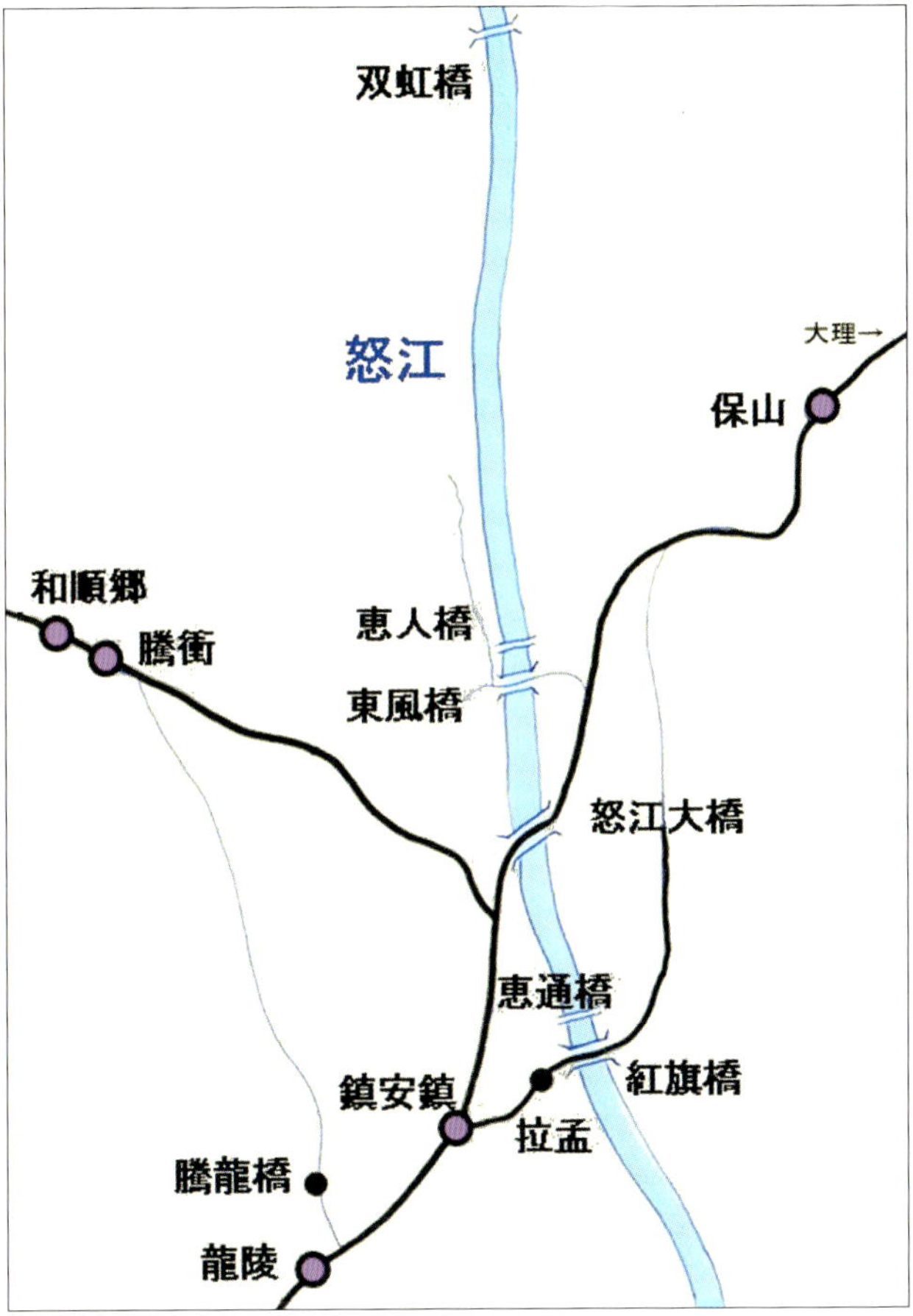

怒江に架かる橋の地図

恵通橋の出現

とにかく念頭にあったのが「恵通橋」だった。第十一話で述べた「援蒋ルート」、すなわち滇緬公路と怒江の交わるところ、そこは「古道探し」と同時にどうしても撮影しなければならない「日本軍の雲南戦線玉砕の地」であった。

怒江大橋は全長四百十六メートルの近代的吊り橋であり、中国が東南アジアとの通商拡大を目指すシンボルだ。ミャンマーと雲南省を結ぶ大動脈の要である。一九九四年十一月に竣工。しかし交通量の増加が著しく、二〇〇三年に再調査を行った。この橋の通行を全面通行止めにした補修作業の結果、二〇〇四年にようやく完成した。怒江の東岸、西岸にはそれぞれ果物を売る店や食べ物店が並び、まるで観光スポット。怒江上流のロープ橋の対極にある吊り橋である。

怒江を渡ってから南下、約百キロほど下流にある恵通橋をめざす。新道は山の中を通る、右も左もバナナ畑である。収穫の時期なのだろうか、青いバナナを運搬する農家の車とすれ違う。山の中腹の見晴らしの良いところに出ると左側に怒江が見え始めた。

怒江も中流になると川幅は広くなり、流れも緩やかになる。乾季なので水量が少なく、中州ができる。

このあたりには大型観光バスが立ち寄るような名所旧跡は存在しない。売り手が観光ずれしていないので、量は多くて値段も安い。

墨絵を見るような緩やかな怒江。ミャンマーに入るとサルウィン川と呼ばれる。

怒江大橋から恵通橋へは約100キロ、近道を走る。橋のたもとで売られているバナナの安さに驚いたが、収穫量の多さに納得。

恵通橋小史

滇緬公路、特に恵通橋を舞台とする日本軍と、蔣介石率いる国民党軍の戦闘について簡単に述べたい。昭和十七年(一九四二年)、日本軍はビルマ(当時)へ侵入、同時に隣接する雲南省にも軍を進めた。国民党軍は自ら恵通橋を爆破して、それ以上の侵攻を阻止せんと試みた。日本軍としては滇緬公路を遮断することが当面の目的であったので、橋の西岸に当たる峰々を要塞化した。こうして東岸には中国国民党軍および彼らに味方する地元の軍閥、さらには少数民族の土司や義勇軍、西岸には日本軍守備隊が怒江の激流を挟んで対峙したのである。

手前に赤茶けた鉄橋が架かり、その向こうにアーチ橋が見える場所で私たちは車を止めた。そこから撮影をしつつ、十分間ほど川沿いの道を歩いた。私たちがいるのは西岸である。手前の鉄橋は一九四四

手前は鋼索吊り橋の恵通橋で、現在は使われていない。その奥、箱型アーチ型の紅旗橋は全長116メートルの新しい橋である。

“怒江の両岸は断崖絶壁”という表現は決して大げさではない。恵通橋の手前50メートルあたりから撮影。

年に復旧した恵通橋、トラックが走っているのは一九七四年に開通した「紅旗橋」である。

中国軍がこの川を東から西へ渡河できたのは、自らの手で橋を爆破した二年後のこと。三ヶ月前からナイロン製の浮き袋を装備した米式帆船を使用し、工兵部隊四千人を訓練、すべて強力なアメリカ軍の指導と援助によるものであった。それまでは、渡河と言えばイカダしか考えられなかった。昭和十九年（一九四四年）五月十一日夕刻、連合軍の渡河開始。それが日本軍守備隊全滅の始まりだった。

「戦闘と全滅」の過程と記録については第十四話に譲り、私たちの旅と橋にまつわる話を続ける。

「雲南省は吊り橋に関する博物館ではないか」とすら思うことがある。いま、目の前にある恵通橋は一九四四年に復旧工事が行われたもの。橋の傍らにその業績が「記念碑」として残されているのであり、人々が誤って渡らないように鉄板をはずしてある。写真をよく見ていただきたい、この吊り橋は重量のある車を何台も走らせるほど頑丈にはできていないのだ。ごく最近になって完成した怒江大橋は例外的な大きさであり、中国奥地においては恵通橋程度の大きさが普通なのである。山岳地帯の吊り橋は実に趣がある。

雲南省の吊り橋

怒江以外の河川にかけられた橋についても、書いておこう。

雲南省の大きな地図を広げて見た。「紅旗橋」の名が見え、「騰龍橋」がある。ともに雲南省では大きな橋である。紅旗橋は怒江に、騰龍橋は騰衝と龍陵の間を流れる「龍川江」の上に架かっている。騰龍橋の制限速度はわずかに時速五キロ、人は降りて運転手のみでゆっくり渡らなければならないのである。私も橋の手前で車を降り、歩いて渡った。

「富民橋」は一ランク下の吊り橋。車は渡れそうにない。雲南省の最南端を流れる「元江」（下流では「紅河」と呼ばれ、ベトナムのハノイ付近で海に注ぐ大河である）に架かる吊り橋である。歩いて渡っても中央部分では揺れが

①

②

③

④

⑤

⑥

⑦

⑧

⑨

①騰龍橋。右は“制限速度5キロ”、左は“双方向の同時通行禁止”。ここではこれが常識なのである。
②まず向こうから乗用車が渡る。大型バスは待機して、乗客全員が下車しなければならない。
③騰衝～龍陵～瑞麗を結ぶ定期バス。瑞麗は滇緬公路の最西端、中緬国境の街である。
④乗客だけでなく、バスの車掌さんも歩く。わらを背負った驢馬も慣れたものである。
⑤山岳地帯での農作業に驢馬は欠かせない。落石や大雨による土砂崩れが日常茶飯事で、道路が頻繁に寸断されるからだ。
⑥お坊さんが歩いてくる。そして川の対岸にバスが到着した。屋根にたくさんの荷物を積んでいる。
⑦さすがに荷物は積んだまま通行する。このバスが渡りきれば、片側通行の順番が入れ替わる。
⑧ようやくこちら側から車が渡り始める。もちろん私はカメラを抱えて歩く。待ち時間は約10分だった。
⑨売り子が集まってくる。わずかなチャンスも逃さない。この時期は柑橘類が盛んに栽培されている。

激しい。

「西南シルクロード」はどこで怒江を渡るか

ここで「西南シルクロード」に話を戻そう。私たちが昆明を出発した時点（第十三話）で、「西南シルクロード」が怒江と交差するのはどこなのか、手元にある資料では特定できなかった。保山は後漢時代、永昌郡の郡治が置かれ、雲南西部における経済・社会の拠点であった。さらに騰衝も「蜀～身毒《インド》道」の重要拠点であることは明白である。

では、「西南シルクロードが」怒江を渡り、高黎貢山を越えるのはどのルートか？

まずは雲南省最西部に位置する「騰衝《とうしょう》」なる街について述べたい。中華民国までは「騰越《とうえつ》」と呼んでいた。しかし蒋介石の時代に「騰衝」と改名、一九四二年にやって来た日本軍は馴染みのある「越」の字を好んだのだろうか、ふたたび古名の「騰越」に戻した。戦後、中国共産党は三たび「騰衝」と改名して現在に至る。

十一月十六日、騰衝市内で二冊の旅行案内書を入手した。保山から騰衝に至る何本かの古道が記述されていて、それらの道と怒江の渡河点のひとつが「恵人橋」、さらに怒江上流にかかる「双虹橋」が「西南シルクロード」のルートである、と書いてあった。

恵人橋

恵人橋を渡る道は「大蒿坪《だいしょうへい》古道」という。このあたりは比較的たやすく河を渡れる場所なのだ。怒江が大きくカーブしていて流れが緩やかになっている。その昔は渡し舟だったかもしれない。利用度が高まるにつれ吊り橋に進

車より驢馬のほうが実用的である。この吊り橋なら驢馬の背にバナナを積んで集荷所へ行ける。

化したのだろうか。史料によればこの古道は唐代に開拓され、明清時代に最も栄えた。怒江を渡り、高黎貢山を越えて騰衝に至る。保山から恵人橋まで七十キロメートル、橋から騰衝までがほぼ百キロ。毎日のように千匹もの騾馬が鬱蒼と茂る原始林や雲と霧のなかを行き来した。隊商の鳴らす鈴の音と荷駄隊の親方の怒鳴り声がいつも聞かれたと言う。

この古道はまた、軍事上の重要な役割も果たした。ところどころに烽火台《のろしだい》が設けられた。五百年前には、明朝に反抗したタイ族の土司を討ち滅ぼすべく、十万を越える大軍が通った。そして三百年余り前、明朝の遺臣が担ぎ上げた「南明」政権の永暦帝《えいれきてい》が清朝の追撃を逃れ、ビルマへ敗走したのもこのルートである。さら第十二話で取り上げた大旅行家・徐霞客もこの古道も往復している。彼が通過したのは明末一六四〇年の四～五月のことなので、清代道光十九年（一八三九年）創建のこの橋はまだない。

恵人橋は東風橋の二キロ上流にあるという。私たちは騰衝からの帰路、恵人橋を目指した。まずは怒江大橋を渡って東岸に出たところで北に折れ、「道街」という村を通過し、怒江に架かった東風橋へ向かって西へと進み、怒江をふたたび渡りきったところで西岸の道を右折して川沿いに北上する。小さな目印「老橋」の標識のところで止まった。

恵人橋遺跡

恵人橋は完全な廃墟となっていた。「二十年前から橋は使わなくなった」と村人たちは話してくれたが、橋に至る道は畑となっていて雑草の中に「楼門」が埋もれていた。怒江の西岸、河原の中ほど、それに向こう岸のわずか三箇所に橋脚

手前が1947年創建の東風橋で全長148メートル。100メートル南の地点に現在の東風橋が完成したのは1988年のことである。

が残されているだけである。私たちは河原に降りた。ここは大昔から「老渡口」と呼ばれる渡し場で、古代から近代に至るあいだ、重要な役割を果たして来たところである。

恵人橋も恵通橋と同じ運命を辿った。騰衝の陥落寸前、この地区の行政監督が騾馬七十頭にアヘン、玉石、象牙を積んで昆明へ逃れ、恵人橋通過後、日本軍の追撃をおそれて橋を爆破したのだ。以上のことは帰国後に知ることになった。

怒江の河原には大きな石がごろごろ転がっていた。乾期なので水量はさほど多くない。峻険な峡谷を語る言葉として、怒江は「水は怒れる石、山は飛ぶ峰」とよく言われる。奔流は怒り狂ったように石をも流す、峰が飛ぶように早い。私は撮影の合間に、怒江の石を拾いあげた。

怒江の西岸側に残された遺跡・楼門。清の道光10年（1830）着工、1839年に落成した。橋の長さ140m。

右が西岸に立つ橋脚跡、左が中間に立つ橋脚跡、真ん中に見えるのが向こう岸に立つ橋脚跡。

中間の橋脚跡。楊さんと比べるといかに大きいかが分かる。怒江は少しカーブして流れている。

向こう側の崖に「恵人橋」の大文字が見える。橋は「永騰大道」と呼ばれた。永昌（保山）と騰衝である。

怒江の魚

車に乗り、東風橋を渡り終えたところで検査を受けた。Sさんから事前に聞かされていたので驚かなかったが、ミャンマーからの麻薬密輸を監視する検問所である。私たちは簡単な尋問ですんだが、身分証明書の提示や身体検査が必要な場合もあるらしい。

運転手の楊さんがすぐ近くにあったレストランの看板を指差して「記念に食べてみませんか」と言った。「活魚」と言う文字が飛び込んできた。雲南省出身の彼でさえ、怒江の魚を食べたことがないという。ためらうことなく「金和酒楼」に飛び込んだ。

午後三時、十一月中旬というのに暑い。店には私たちのほかに客がいない。怒江の魚が店の名物料理で、味付けはタイ風。大きさによって単価は違うが、一キログラム百元。このあたりでは高級魚である。空腹だったし、喉の渇きもあって冷たいビールは実に美味い、しかし魚の味はそれほどでもなかった。

怒江の橋

最後に、怒江に架かる主な橋を北（上流）から南へ整理してみた。

双虹橋	一七八九年完成、現存。
恵人橋	一八三九年完成、橋脚のみ残存。
東風橋	一九四七年完成、現在不使用。
新東風橋	一九八八年完成、通称「東風橋」。検閲あり。
怒江大橋	一九九四年完成、二〇〇四年補修。
恵通橋	一九三五年完成、現在不使用。
紅旗橋	一九七四年完成、アーチ型橋梁。検閲あり。

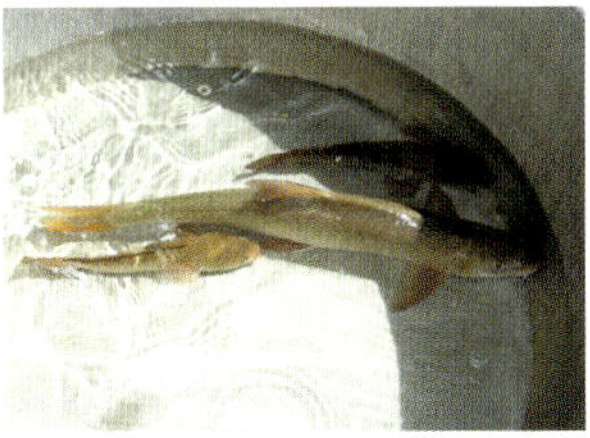

上／怒江で捕った魚。メモには“江白条”とある。大きいほうはキロ100元だろうか。
下／鍋物になった怒江の魚。淡白な味付けで印象が薄かった。味噌仕立てなら美味しかったかもしれない。

第十四話　雲南玉砕戦跡を行く

拉孟・松山玉砕の地へ

十一月十五日午後二時過ぎ、私たちの車は恵通橋を後にし、龍陵《りゅうりょう》県の「拉孟《らもう》郷」へ向かった。このあたりは二千メートル級の山脈のなかにあって、全山大小三十以上の峰からなり、その間を滇緬公路が縫うように走っている。

五日ぶりの市が立ち、拉孟の街は人々でにぎわっていた。ここには漢、リス、彝《イ》、タイ、白《ペー》、ジンポー、ドアンの七民族が暮らしているという。遅い昼食をとり、「松山《しょうざん》村」へと向かった。見晴らしの良い丘陵の上に「滇西抗日戦争松

怒江に架かる恵通橋（手前）と紅旗橋（奥）。恵通橋は現在使用されていない。怒江はチベットを源流とし、ミャンマーに入ってサルウィン川となる全長2816キロの大河である。

山戦役・主戦場遺址之一」碑があり、そこから三キロほど離れた地点にも「松山戦役遺址」の碑があった。私たちは十一月とはいえ暑いほどの陽射しの中、丹念に戦場跡を歩いた。

「戦闘と全滅の記録」

現在、私の手元には三冊の史料がある。石島紀之『雲南と近代中国』(青木書店)、『太平洋戦争・主要戦闘事典』(PHP研究所)、相良俊輔『菊と龍・祖国への栄光の戦い』(光人社)。それらを総合して、以下にまとめる。

雲南で再編された中国国民党と米英の連合軍は、一九四四年五月、日本軍に対する全面的反攻を開始した。五月十一日夜から西進して怒江を渡河、国民党第十一集団軍を主力とする七万二千人は怒江西岸の台地に位置する拉孟と松山を攻撃した。ここ

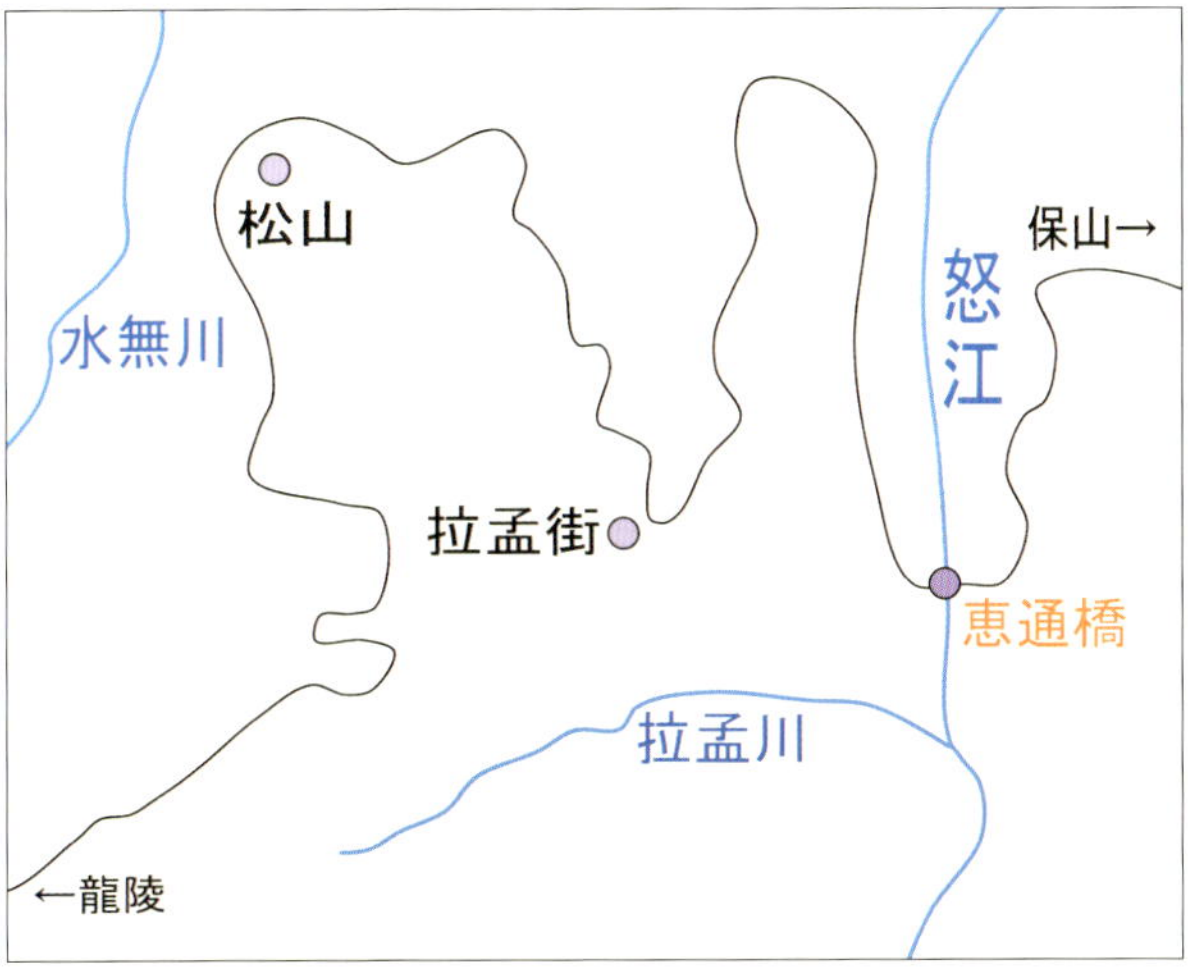

拉孟・松山地区を通る滇緬公路

彝、回、タイ、白、リス、アチャンなどの各民族が住んでいる。華やかな衣装が売られていた。

病院が遠い人々にとって漢方薬は常備品。植物の草根木皮が中心だが、鉱石や動物の骨、角など自然界のあらゆるものが薬となる。

広い道路の両側に市が並ぶ。普段、山中で生活している人々が山で取れた野菜やきのこ類を売り、生活用品を買って帰って行く。

は戦略上の要地で、堅固な陣地が構築され、日本軍の精鋭部隊第五十六師団一一三連隊千二百六十人が防衛していた。連合軍の武器弾薬は無尽蔵で、砲弾と空から爆弾を打ち込み、相手の抵抗力を破壊して歩兵を進める戦法を採った。しかし日本軍の頑強な抵抗にあって苦戦。いっぽうの日本軍も拉孟・松山の両陣地は孤立、絶望的な戦いが四ヶ月続く。物量に勝る連合軍は日本軍の陣地の下に地下道を掘り、八月二十日、ダイナマイト百二十箱を爆発させてトーチカを破壊した。追いつめられた日本軍の生存者は重症兵を含めてわずか八十余名。そして、九月七日、松山陣地は陥落した。この地から生還したのは八名で、報告のため脱出した三名のうちの二名、残りの六名は捕虜となり戦後釈放された人たちだというが、実相は調べがたい。

古山高麗雄の戦争文学三部作

私が雲南西部におけるこの戦いについて知ったのは、「西南シルクロード紀行」の連載を始める少し前のことだった。古山高麗雄の戦争文学作品を読むまでは恥ずかしながら全然知らなかった。『断作戦』は騰越守備隊の一等兵、『龍陵会戦』は古山高麗雄一等兵自身、『フーコン戦記』は片腕を失くした古年兵の物語りである。奇跡的に

“滇西抗日戦争松山戦役主戦場之一”の碑の下に“松山大寨”とある。ここに日本軍が築いた大きな砦のひとつがあった。大陣地が9箇所、小陣地が13箇所、計22箇所の陣地を構築した。

日本軍によって築かれた防壁。松の大木を切り倒し、頂上まで担いで運んでくる。それを縦横に組み合わせ、ドラム缶に泥を詰めて防壁とした壕である。セメントも工機もなく、すべて人力で建設された。

生還した彼らが、戦後を生き延び、雲南やビルマでの戦争のことや戦友をおもいだしながら老いてゆく記録である。

蟻のような下級兵士

各作品に共通するものは、何も知らされず上からの命令のままに、地べたを這いずり回る蟻のように生き、死んでいった下級兵士の肉声が流れていることだ。私は一冊一冊を繰り返し読み、拉孟、龍陵、騰衝の地を回った。私たちは暫くの間、蟻兵士たちの怒りや悲しみの声を聞かないわけにはゆかない。

階級

大学卒は幹部候補生であった。しかし将校になる気がなく、しかも不器用な古山は試験は受けるが落第する。

「若い人たちのために旧帝国陸軍の階級を書いておこう。旧帝国陸軍には、上から、大将、中将、少将、大佐、中佐、少佐、大尉、中尉、少尉、准尉、曹長、軍曹、伍長、兵長、上等兵、一等兵、二等兵の十七階級があった」(『龍陵会戦』)。

軍隊のリンチ

その十七階級の最底辺にいた古山高麗雄は、班長、古年兵によく殴られ、それ以上に屈辱的なリンチを受けたのである。「軍隊のリンチの話は、年配者には、聞き飽き、話し飽きた話だろうが、若い人達に話しておきたい」として彼は語る。配給された三八式歩

松山戦役1号遺跡。"日本軍第56師団113連隊の前線指揮所跡。貯水池があった"との碑文。小さい貯水池が今なお残されている。

「支那に攻め込むのが、なぜ御国のためなのか。支那に攻めこまなければ、日本は滅びたのか」。「あのころの日本人は、アジアの他民族に対しては思い上がっていた」(『フーコン戦記』)。

兵銃に鼻毛ほどのゴミがついていたのを咎められたのだ。罰として、中腰になって許しが出るまで捧《ささ》げ銃《づつ》を続けさせられ「私は、みんなに見物されながら、ボロボロ涙を流して泣いた」。オイ、犬の真似をしろ、三べんまわってワンと言え、やらなきゃ痛い目にあわせるぞ、と言われれば抵抗できないのだ。「どんなに痛い目に会わされようが、拒絶してプライドを守るなどと言うことはできなかった。屈辱に甘んじるしかなかった」。そういう境遇に彼は絶望する。しかし、「逃げ道はどこにもなかった。なにもできなかった。死にたいと思ったが、死ねなかった」（『龍陵会戦』）。柱に抱きついてミーン、ミーンと言い続けされられる「セミ」、ベッドの下を潜って、ベッドとベッドの間で顔を出し、ホーホケキョと言わされる「ウグイスの谷渡り」。 一等兵や二等兵がプライドや自尊心を持つことは許されないのだ。

蟻

日本帝国の軍隊の底辺にいる一等兵、二等兵は人間としては扱われない。

「兵隊たちは、愚弄されながら死んでしまうのだという気持ちで自嘲するわけです。僕は、兵隊は、小さくて、軽くて、すぐ突拍子もなく遠い所に連れて行かれてしまって、帰ろうにも帰れなくなってしまう感じから虫けらみたいだと思います」。そして「今の僕は、あの蟻に似ているような気がするのです」（『蟻の自由』）。

農作業に馬は欠かせない。とりわけ山間部での搬送には車輌以上の働きをする。

小さな牛の背に枯れ草を積んだ農夫が通る。裸足なのが豊かでない暮らしぶりを思わせる。

徴兵制

古山高麗雄は『フーコン戦記』のあとがきで、徴兵制についてこう書いた。

「あの軍隊は、国民皆兵の軍隊だった。兵役と納税と、初等教育を受けることは、国民の義務だと国法で決められていたが、子供を学校に行かせなかったといって、たちまち親が牢にほうりこまれるわけではない。脱税もよほど悪質のものでなければ、ただちに牢に投じられるわけではない。だが徴兵を拒む者は、悪質も良質も、情状酌量もない、蔑むべき犯罪者であって、本人だけでなく、家族親族までが迫害された。それを当然だと思っていた国民が、満州や蒙古や支那大陸、南は東南アジアの広汎な地域に送られ、他国を荒らし、盛大に死んだ。私は、徴兵は当然だとは思っていなかったが、拒むことはできなかった。私も徴収されて戦場に送られた」。

軍馬

雲南省の馬は小さいが、頑丈でよく働く。粗食に耐え、悪路をこなし、きびしい気象にも屈しない。

「兵隊は、一銭五厘でなんぼでも集められる消耗品、軍馬は兵器で、兵器は天皇陛下の御分身だ、だから馬の方がお前たちよりも偉いのだ」と上から言われる。総退却のとき、軍馬は兵器で敵には渡されぬから、銃剣で心臓を刺せ、との隊長命令が出る。「なんも殺すことはなかち思うが、そこまで言うたら、俺が殺されるけん、しょうがなか」と浜崎一等兵も軍馬の処置に参加す

広場の一角に、周囲を鎖で囲まれた古樹が立っていた。銃弾を何発も受けてもなお、生命力のある樹木は60年の命を永らえていた のだ。

傍らに「弾痕累々の古樹、松山血戦の証人として」の碑。

る。名も知らぬ村落で拾った馬であった。以来、二年余り、いわば苦労を共にした相棒である。温和な性質の栗毛の牡馬であった。「馬というのは可愛い動物である。一政の栗毛のおはなちゃんは、一政の声や足音を聞き分けて、しばらく離れていた後で一政が近づくと、前掻きをして迎えた」。「馬の前に立って銃剣を構えると、おはなちゃんは、剣先を見ながら大きな眼から涙を流した」（『断作戦』）。

兵力差

「兵力があまりにも違い過ぎた。兵員は、十五対一、あるいは二十対一だというのである。兵器弾薬の差はもっと大きく開いていた。日本軍が一発撃つと、五十発も百発もお返しが来る。空も完全に制圧されており、どうにも勝ち目のない状況の中で、日本軍は、飢えながら戦ったのである」（『断作戦』）。

タコツボ・一

兵士が雨アラレのように飛んで来る銃弾から身を守るために穴を掘る。それを日本軍は蛸壺《たこつぼ》と呼んだ。松山地区の戦場跡にはそういった塹壕がたくさん残されていた。

「龍陵の雨を、寒さを、漆黒の闇を、草を、木を、土を、空を、星を、運を、思い出す。その中で、常時、死と体のつらさに付き合っていたことを思い出す。歩けないのに歩かなければならないときの苦しさを思い出

タコツボは個人がひそむ壕。「戦場で、兵士一人がひそむように掘った穴」（『大辞泉』）。上の写真は移動用の壕で、弾丸を避けつつ安全に移動するための壕である。

兵士たちは自分が使うタコツボに横穴を彫り、そこに私物をしまいこんだりする。銃撃戦が続いて長時間出られないときは、用を足して横穴に埋め込んだりもした。

す。五十センチ先も見えない闇の中を歩き、タコツボに落ちて、やっとのことで這い上がり、仲間が進んだと思われる方向に、見当で歩き出したら、またタコツボに落ちた」（『龍陵会戦』）。

タコツボ・二

「タコツボというのは、ひとりきりの密室だし、そして前進しても退却しても、停まるとすぐ僕たちはタコツボを掘るのです。むろん、勤務もあるし、一日に一回、飯を炊かなければならないし、タコツボを掘り終えたとたんに、あるいはまだ掘り終えないうちに、すぐまた移動ということもないわけではありません」（『蟻の自由』）。

タコツボ・三

「私はそのうちに、タコツボを掘るのが、いやになって来た。体は死を怖れていても、観念では死を求めている者が、疲れ果てた体で壕を掘り、さらに疲労困憊する必要はないではないか」。タコツボをよして、寝棺型に土を掘った。長方形の浅い溝を、体を横たえるために。その方がずっと楽であった。仲間たちも余裕がなくなり、だれもそれを

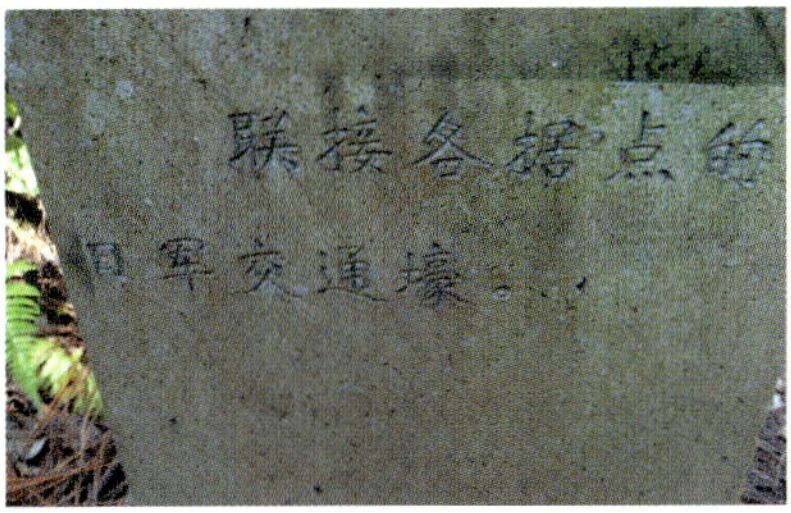

長い壕が連なっているところに“各地点を連結した移動用の壕”の碑。

60年の歳月が流れたことが分かる。戦争が終わってから樹木が生育したのだ。

咎めない。「そこに横たわっていると、雨が降り、泥水が流れ込んで来た。寝棺が浴槽になった。泥水を掻き出してみたところで、またすぐ流れ込んで来る。私は泥水の浴槽につかったまま眠った」(『龍陵会戦』)。

タコツボが残されている雑木林を出ると、小さな池のある広い場所にでた。日本軍が集会などに使っていた広場らしい。雑木林と広場の境目に記念碑が立っていた。子供たちが木に登って遊んでいる。いつの間にか太陽は西に傾き、なだらかな傾斜地になっている草地に樹木の影が長く延びていた。そろそろ私たちは拉孟・松山に別れを告げ、宿泊予定地の龍陵に向かわなければならない。

古山高麗雄は自分が体験した龍陵での戦いを長編小説で書きたいと思い、九州へ取材に出かけた。雲南地区の主要部隊は福岡、佐賀、長崎三県の出身者で編成されていたからだ。そこで訪れた久留米の吉野孝公と運命的な出会いをする。彼は騰越守備隊に属して陥落の日まで戦い、最後に脱出して山中へ逃げこんだが、中国兵に襲われて意識不明となり捕虜になったため「九十九死に一生を得た」人だった。古山は吉野の家に泊めてもらい、毎日話を聞き、それをもとに『断作戦』を書き、当初の予定を変更し、それを第一作目とした。

第二作目の『龍陵会戦』は龍陵県が舞台で、体力も弱く、不器用な古山高麗雄一等兵が主人公である。

9号遺跡には砲弾跡が残る。日本軍兵士は最後に中国軍の大集団へ向かって白兵戦を挑んだ。銃弾の嵐に身をさらし、ひとつの塊となって突撃したのだ。

中国側の記録には「戦死者が60余体、内臓が散らかったさまは無残である」とある。かくて拉孟陣地は玉砕した。1944年9月7日の夕刻だったという。

『龍陵会戦』・一

「私は、軍隊で言うやる気のない兵隊であった。やる気など、私が持てるわけがない。私は、軍隊を、監獄よりもマシだとも考えなかったのだから。強い者につかまって逃げられない。だからここにいるだけだ。行動や態度で反抗すると、ひどい目に会わされるから、猫をかぶっている」。「弾薬箱を担いで歩け、と言われたら、歩けるだけは歩くさ。飯を炊けと言われりゃ、飯を炊くさ」。「しかし、俺は、戦争をする気があってここに来ているのではない。逃げられなくてここにいるだけだ。雲南の山の中でも、私はそう思っていた」。

『龍陵会戦』・二

「龍陵では、前進も至難だが、後退も至難であった。どこにいても、鉄片が降って来る。拉孟、騰越、龍陵等、雲南の守備隊はみな、遠征軍（筆者註・中国国民党軍と米英の連合軍のこと）の反攻が始まって以後は重囲の中に孤立して、陸の孤島と呼ばれたが、龍陵の陣地は、孤立した龍陵の中で孤立している。移動することは、孤島から孤島へ、敵の海の中を、小舟で渡ることである」。

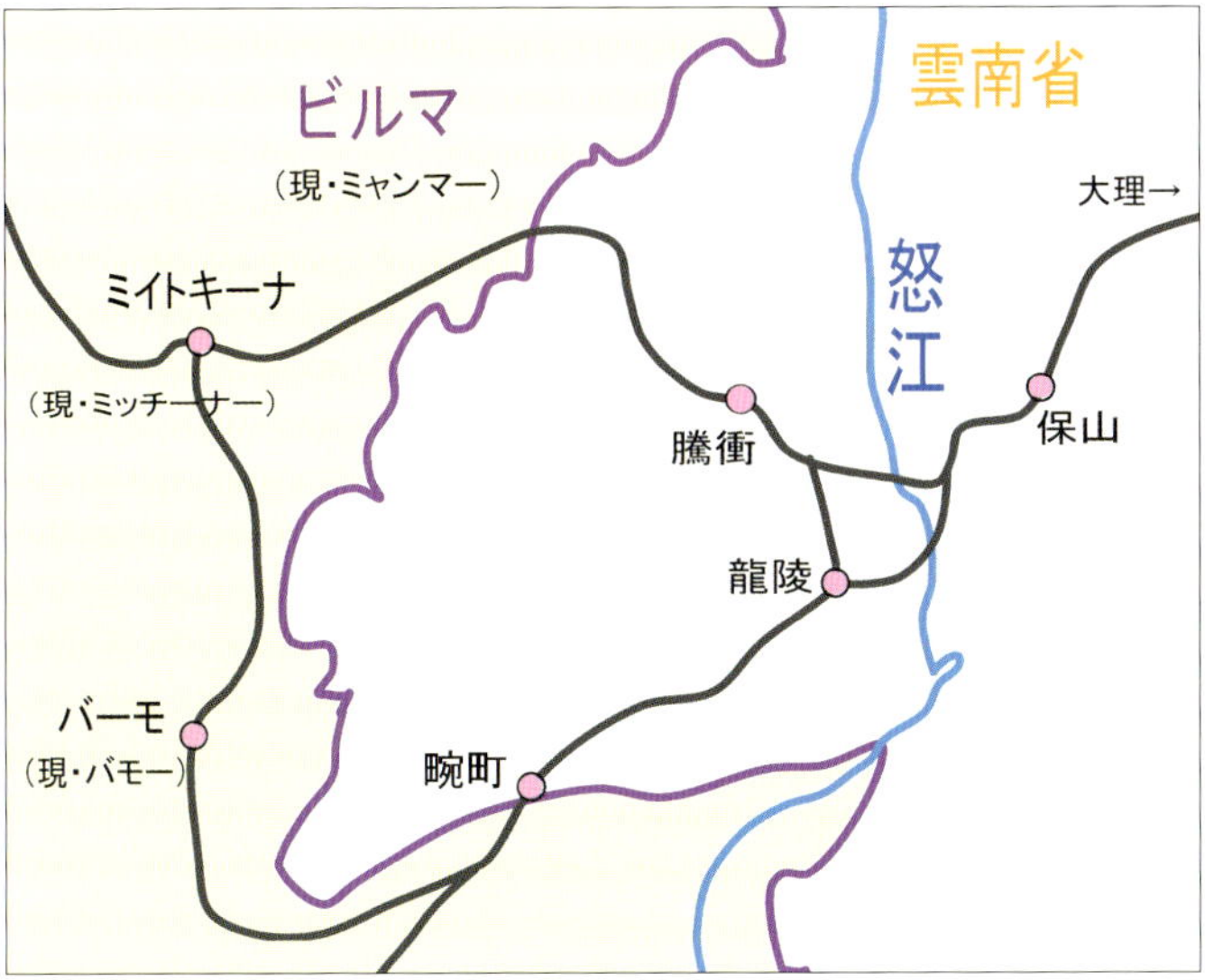

<雲南・ビルマ激戦地図>

『龍陵会戦』・三

「小室守備隊長は、我一人ニテ敵兵三十人ヲ殺サザレバ斃ルベカラズと訓示した。タトヘ重傷ヲ負ヒ、又ハ病ニテ身ノ自由ヲ失ヘ共断乎トシテ、日本男子ノ面目ヲ発揮スベシ。両腕失ハバ足、足失ハバ、噛ミツキテモ敵ヲ斃スベシ。斃レシ友ヲ思へ、仇ヲ討テ」。そして「敵陣ニ斃レ、死シテ神トナル。男子無上ノ光栄ナリ」」。

龍陵のトーチカ

私たちは、龍陵の街にそれほど長い時間滞在していない。前日は夜になって龍陵へ入り、「龍信賓館」に宿泊、次の目的地・騰衝へ急いだからだ。街の中心部に「龍陵抗戦・記念広場」がつくられ、真新しい建造物が立っていた。そして目についたのが日本軍のトーチカである。私は初めて見た。「龍陵に一つだけ日本軍のトーチカが残されている」ことは知っていた。二〇〇四年に記念広場が作られたとき移設したものだろう。男の子が中を覗いていた。

龍陵の街を午前十時出発。第十三話で紹介した吊り橋「騰龍橋」を渡って三時間弱、今回の旅の最終目的地・騰衝へ到着したのは午後一時前だった。

騰衝県は保山市の行政管轄下にある人口六十一万人の街で、騰衝県旅行局のガイド本によれば「怒江の西では文化教育の中心地で、ミャンマー国境には国家級の大きな検問所がある。さらに歴史

現在の賑やかな市街地は、戦争当時は畑だった。ひとつだけ残っていた日本軍のトーチカが、記念広場に移設された。

男の子がひとり、物珍しそうにトーチカの中を覗き込んでいる。もちろん私は中には入れない。反対側から撮影したもの。

的にみれば漢の時代に「滇越乗象の国」と呼ばれ、インド、東南アジアとの交易の中継地、つまり『西南シルクロード』上の重要な宿場町であった」。

来鳳山森林公園

　私たち三人の車は市街地の西南に位置する小高い山に向かった。「来鳳山森林公園」である。今から六十五年前、日本軍はこの高地に強固な陣地を構えた。「最初に砲撃を受けたのは、南方高地の来鳳山であった。来鳳山は、四周の高地の中で最も重要な山だという。来鳳山を手中にすれば、敵は騰越城を眼下に見下ろして攻撃することができるからである」(『断作戦』)。山のかたちが変わってしまうほどの空爆と砲撃を浴びながら、来鳳山陣地は一ヶ月にわたって持ちこたえた。

　来鳳山の頂上部分は広く、いちばん奥に白い塔が見える。「鳳巓塔《ほうてんとう》」といい、清の道光七年(一八二七年)に建てられたが日本軍の陣地と化して破壊され、一九九〇年代に再建されたものである。森林に分け入ると遺跡がいくつかあり、「山頂はすべ

4号陣地跡。"抗日戦争史の研究と証拠のため、この遺跡に碑を建て、騰衝県の重要文物として保護"するという。

騰衝の街かどで、山で採ってきたばかりの蜂の巣を売っていた。自然条件に恵まれた雲南では花が豊富でハチミツ事業も盛ん。蜜のしたたる蜂の巣は貴重品だ。

修復された鳳巓塔。あまりに新しい塔だったので、興味があまり沸かなかったが結局入る。高さ44.9メートル、内部は13階建てになっていた。

て抗日戦争史の研究と証拠のため、保護区とする」と彫られた碑が建っていた。抉《えぐ》られた大地は雑草に覆われ、説明がなければ空爆による傷跡か自然のものなのか、見分けがつかない。

塔に近づいたら二人の係員が寄って来た。訪れる人もなく退屈していたのかもしれない。私たちが日本人だと知ると塔の鍵を開けてくれた。展望台まで上ると騰衝の街が一望のもとに見渡せた。なるほど、この山頂に大砲を据えれば街の防御はお手上げである。

『断作戦』から

「騰越は、雲南山中の盆地にあって、人口約四万。このあたりでは随一の街で、一辺約一キロの正方形の城壁に囲まれていた。城壁は、高さ五メートル、幅約二メートル、外側は石、内側は積土でつくられていた」。守備隊は場外陣地をひとつずつ失い、来鳳山が最後の場外陣地であった。七月末に来鳳山を奪われて以来は、騰越城に立て籠もることになる。騰越城守備隊の兵力は、約二千八百名。「昭和十九年九月十四日が、騰越玉砕の日である。前夜、爆死した蔵重守備隊長に代わって指揮をとっていた太田大尉の命令で、生存者は城外に脱出」した。負傷して捕虜になり生還できたのは二十数名だろうと言われている。

国殤墓園

私たちは恵通橋から拉孟、松山、龍陵、来鳳山、騰衝と「滇緬公路争奪の戦い」の跡を訪ねた。そして最後に、その犠牲者を祀る「国殤墓園《こくしょうぼえん》」の前にいる。抗日戦線で戦死した中国兵九千余名が眠る墓地である。ここに日本兵戦死者の碑があるという。

この墓地が作られた時期は早い。一九四五年七月七日落成、つまり日本の敗戦より一ヶ月ほど早いのである。一月に建設を開始し、盧溝橋事件八周年記念日に間に合わせ

戦力的には圧倒的優位を誇る中国軍だったが、陣地にこもる日本軍より犠牲者が多く出た。9600以上の墓石が並ぶ。

るために急いだという。現在のものは一九九七年に新装なった墓園である。中国人兵士九千六百十八名の墓碑と同時にアメリカ軍兵士の墓碑も十八基ならんでいた。

倭塚

墓園の門をくぐると右側に草地が広がっていて、壁際に小さな塚が見える。知らなければ見過ごしてしまうだろう、これが敗軍の日本兵を弔うために建てられた墓だった。拉孟・松山では千二百七十名、騰衝では二千名以上、龍陵も加えれば四千名を越える犠牲者すべての遺骨がここに眠っているとはとても思えない。私ははるばる日本から持参した日本酒を手向けた。

「日本軍兵士の墓」ではなく「倭塚」と彫ったあたりに、当時の中国側からの複雑な思いがみてとれる。ひとつは、「倭」は古代中国王朝が周辺小国・日本を呼んだ一種の蔑称であること。もうひとつは、日本帝国主義が中国に土足で踏み込んできて、さんざん荒らしまわったことに対する恨みの一念。日本人兵士の戦死者四千名に倍する中国側の死亡者一万五千二百名（遠征軍八千六百名、地方軍と

①

②

③

④

①片隅にたたずむ小さな塚。玉砕した日本軍将兵を弔った墓である。騰衝だけで2600名を越す犠牲者がいる。どれだけの遺骨が眠っているか定かではない。
②李根源は辛亥革命の指導者のひとりで、孫文や袁世凱らの政治活動において重要な役割を果たした。"倭塚"の建立は彼が66歳のとき。
③日本から持って行くのならうまい酒がいい。選んだのは純米吟醸"玉乃光"。
④雑草に覆われた土の部分と碑に酒をたっぷり注ぐ。安らかに眠れ、兵士たちよ。広い園内で、私たちに注目する人は誰もいなかった。

民衆六千五百名)と、中国側の記録にある。ここで言う「地方軍」とは雲南省西部で結成された抗日義勇軍や、少数民族の土司軍のことである。

ついでながら、抗日戦争と少数民族の関わりに触れたい。滇緬公路の建設では回族の活躍が大きかった。およそ七百年前、モンゴル帝国軍《ウルス》に従軍して来た「色目人《しきもくじん》」と呼ばれるイスラム教徒は交通の要地に居ついて屯田し、あるいは駅運の仕事をしながら公路の沿線で生活してきた。これが現在の回族で、国民党政府や雲南の軍閥は彼らの築道技術を巧みに利用し、道路工事の責任者に任命したので難工事もおおいに進んだといわれる。軍事面では回族の他に、彝族、白族、ハニ族、ナシ族、モンゴル族、タイ族などが従軍した。

李根源

「倭塚」の二文字は、中華民国時代の有名な革命家で軍人の李根源《りこんげん》の書によるものである。倭塚の建立は彼の存在抜きには考えられない。李根源は騰衝出身で辛亥革命の指導者のひとり。清末、雲南省政府の官費留学生として日本に渡って陸軍士官学校で学んだり、一九一三年にいわゆる第二革命が失敗し、革命派が袁世凱《えんせいがい》に弾圧された際は日本へ亡命して早稲田大学で学ぶなど、知日派の大物であった。一九四四年当時、雲南貴州監察使だった彼が「国殤墓園をつくるべきだ」と提唱し、寄付金を募り完成にこぎつけたのである。まだ日本が無条件降伏をする前の段階で、敷地のほんの片隅にとはいえ、敵国である日本軍兵士の戦死者を祀っているという度量の大きさは敬服に値する。

李根源と「西南シルクロード」

一九二〇年代、李根源は孫文らと対立して失脚し、彼らの政府から追われることとなった。晩年の彼は政治活動から一定の距離を置き、雲南省に戻って抗日運動の呼びかけを行う傍ら、歴史学や考古学などの研究活動を行った。一九四八年、彼は騰衝県内の「核桃坪《ハータオピン》」村で大量の銅銭を発見した。それが二千年前に鋳造された前漢の「五銖銭」で、騰衝が蜀とインドを結ぶ交易ルート、すなわち「西南シルクロード」上に位置することを裏付ける貴重な発見となった。

和順郷へ

来鳳山頂にある白い塔に登り騰衝の市街を眺めた時、西方へ道路が延びているのが見えた。「その先に見える町が『和順郷』です」とSさんが説明してくれた。初め騰衝の街に泊まるつもりでいた私はその時、少しでも西へ行きたいと強く思った。そのため急遽予定を変更して、和順郷で宿を探すことにした。昆明から騰衝までおよそ七百五十キロ。騰衝から和順郷まではわずか四キロに過ぎないけれど、私たちは「西南シルクロード」を西へさらに一歩進んだわけである。

和順は「華僑・華人」の街として名高い。人口は一万六千人余りだが、出身者に華僑・華人として成功した人々が多く、裕福な家が多いのである。「華僑」とは海外に移住した中国人のことで、そのうち移住

華僑の町、交易で栄えた町といえば、まさに「文化交流の港」である。そして教育基地のシンボルが「和順図書館」。

古書、珍本を含む8万冊以上の蔵書もさることながら1938年落成の木造建築がいい。この額（閲覧室）の書は廖承志、写真右（第二門）の書は胡適。

先の国籍を持つ人が「華人」と呼ばれる。成功した華僑・華人は故郷に錦を飾れるし、一族の教育にお金を費やすことを惜しまない。和順では今でも世界十三カ国に海外留学生を出しているという。

私たちが和順の街に入った時はすでに午後の遅い時間になっていて、テレビ局だろうか、ドラマの撮影をしているところだった。軍服を着た俳優たちが演技をしていた。私がカメラを向けて「撮っていいか？」と尋ねたところ、拒否されてしまった。中国のテレビドラマで日本兵が出てくると、言うセリフはきまって「メシ、メシ」、「バカヤロー」。すべて典型的な悪役として登場し、反日感情を煽る役回りなのである。

さっそく、今夜の宿を探すことにする。先の抗日戦で騰衝の街は完全に破壊されてしまったが、和順は奇跡的に戦火を免れたのであった。古い建物の民宿も多い。小さな雑貨を売る店を兼ねた、便利そうな民宿で料金を聞く。素泊まりひとり十五元、日本円にして約二百三十円。シーズンオフとは言え、なんという安さだ。部屋を見せてもらう。部屋にはベッドがふたつあったが、ひとりの使用でいいと言う。私たち以外に誰もお客がいないのである。夜具が清潔でさえあればそれでいい。「双虹民居旅館」に泊まることにした。

双虹民居旅館にて

この素朴な民宿のご主人は劉玖《りゅうきゅう》さん、女将が張君松《ちょうくんしょう》さん。「蚤の夫婦」、つまり奥さんの方がいい体格をしている。私たちは地元の白酒「騰越老焼《タンユエラオシアオ》」を一本空けて盛り上がった。劉さんにも白酒を勧めたら、重い口を開けて話してくれた。彼の母親が子供の頃、家に日本兵がやって来て豚を徴発していったと言う。私は正直なところほっとし

結局、街の入り口に近くて便利な宿に投宿することにした。食べ物の小売りも兼ねた“何でも屋”なので、街の情報も入りやすいだろうと思ったからだ。

室内を歩くとギシギシ音がする。宿泊客は我々3名のみ。夜具が清潔でさえあれば、一夜の宿としては全く申し分ない。

た。その日本兵の行為は決して許されるものではないが、それ以上に非道なことが行われた例があまりにも多いからである。

夜になって、買い物客が来た。先ほど撮影していたグループのひとりである。ここで軍服姿に会えるとは思ってもいなかったので、撮影をお願いしたら快諾してくれた。「非常感謝」してシャッターを押した。

私たちはミャンマー国境に近い小さな街の民宿で、安い地酒を酌み交わしながら夜遅くまで話し込んだ。しかし話をしながらも、私の脳裏には夕映えの西の空の光景が焼きついて離れない。

撮影の途中に抜け出してきたのだろうか、得意満面の役者さん。武器を携えていない兵士というのはいまいちしまりがない。

後列右から劉さん、張さん。前列右は劉さんの父、左は劉さんの母。

落日を追って、国境の西まで行けるのだろうか。西南シルクロードはミャンマーの先、インドまで続いている。

第十五話　大地震に襲われた都江堰

四川大地震

「二〇〇八年五月十二日、晴れのち曇り、蒸し暑い。風が次第に吹きつのる。前兆は何もなかった。温江（成都と都江堰の間）のニュータウンに着き、自宅になる新築マンションの入り口まで来たとき、突然地震が起きた。まるで大地が、手で口をふさいであくびをこらえていたが、がまんしきれずに大砲みたいなくしゃみを連発したようだった」。

震源地に近い成都在住の反骨詩人・廖亦武《りょういぶ》のレポート（二〇〇八年五月二十四日付朝日新聞朝刊）はこうした書き出しで始まる。一九八九年の天安門事件を批判して四年間投獄された彼は、「天災であれ、人災であれ、いかなる災難でも、記録し続けることは文学者の責務である」とし、朝日新聞に寄稿した。「都江堰の友人から電話が入った、二王廟の入り口が崩れた、町中が廃墟だ、至るところ死体だ」。都江堰市の犠牲者は三千と六十人を越えた。

工事の指揮官・李冰（りひょう）と息子の李二郎を祀った“二王廟”。四川大地震で建造物の大半が倒壊、と伝えられる。

岷江の中央に浮かぶ人工の中洲が金剛堤である。右側の流れが内江、左が外江。2004年7月撮影。

マグニチュード八・〇

石寨山遺跡の探訪からスタートした「西南シルクロード紀行」の連載は、時には北上しながらも基本的には雲南省を西へ横断し続け、ついにはミャンマー国境にまで至った。本来、この第十五話は西南シルクロードの起点となる古代蜀の国を取り上げようと思っていた。五年前の二〇〇四年に「都江堰《とこうえん》」と「三星堆《さんせいたい》」を訪れたことがあるので、その時の写真の整理、地図の作成など準備をすすめていたところにマグニチュード八・〇の「四川大地震」が発生した。しかも、その震源地が、これからテーマに取り上げようと思っていた都江堰のすぐ近くだったのだ。

死者八万人を超えるか

もう少し地震の話を続ける。この地震では犠牲者が八万人を超えるだろうと予想されている。地震のエネルギーが阪神大震災の約二十倍という、想像を絶する大きさによるものだが、それに加え、建物のもろさが被害を拡大させた。報道によれば、震源地に近い地域に住む少数民族の集落は、急峻な谷にレンガを積んで泥で固めただけの簡単な家屋が一般的で、それが三十戸から四十戸ずつ集落を

"世界遺産・都江堰市が壊滅的な被害"の写真。2008年5月30日『産経新聞』(山田俊介氏撮影)より。

レンガを積み重ね、隙間に泥土を塗って固めていく。すべて手作業、高い部分は足場を組んで作業を行う。

最終的にレンガは隠れ、左の白い建物のような外観になる。2001年、北京市海淀区にて撮影。

なしている状況だったという。

日干しレンガを積むだけ

その記事を読んで、私は八年前のことを思い出した。北京での留学時代に住んでいた寄宿舎が売店を増設したときのことである。作業員はたったふたり、しかもわずか二、三日で出来上ったのである（前ページ写真）。日本ではまったく見られない方式で、確かに簡単で便利だが、大地震がきたらひとたまりも無いだろう。

「おから工事」で犠牲者増大

こうした安普請の建物が崩壊するのはやむを得ないとしても、問題なのは鉄筋コンクリート製の建物である。都江堰市の中心部では小学校、病院、マンションなどが軒並み全壊または半壊し、無傷の建物は見られないという。二〇〇八年五月十五日付産経新聞朝刊によれば、「校舎の倒壊で生徒ら約九百人が生き埋めになった聚源中学校では十四日、徹夜の救出が続いたが、血とほこりにまみれた子供の遺体が次々と発見されるだけだった」という。都市部の死傷者が圧倒的に多いのが、今回の地震の大きな特徴である。

ずさんな手抜き工法を地元の人々は「おから工事」と言って非難した。児童たちを失った父兄は省政府を訴えたが、一年を過ぎたいまも解決していない。

卒業旅行で都江堰へ

話は二〇〇四年に遡る。私は昆明市にある雲南民族大学に六ヶ月間の短期留学をした。正規の一年コースは九月から翌年七月までとなっているが、二月から七月までの半年コースも存在した。この六ヶ月間の留学が、私と「西南シルクロード」とを結び付けてくれたことは間違いない。まず、雲南民族大学の方針がおおらかであった。外国人留学生たちには「中国語を学ぶのは当然だが、それとともに少数民族のことをよく知り、よき理解者になってほしい」というわけである。そのためには、教室での授業や学生たちと友達になることはもちろんだが、少数民族の住んでいる街や村へ旅をすることが極めて有効な方法なのであった。学校当局が旅行を積極的に勧めていたわけではないけれど、事務室に「○○県へ五日間の旅行に出かけます」と申請するだけでいい、快く許可してくれた。

こうして私は授業の合間に雲南省各地を旅して回った。六月末の試験が済むと長い夏休みが待っていて、留学生たちはさらに大規模な旅行を計画する。二〇〇四年当時、昆明の留学生たちに人気があったのはチベットと九寨溝《きゅうさいこう》だった。私は若いN君こと中村数馬氏（当時、雲南民族大学語学留学生）を「四川省の都江堰と三星堆へ行こう」と誘った。余り興味を示さなかったN君も「成都郊外にある『パンダ研究基地』も回ること」を条件に同意してくれたのである。

七月五日、パンダ研究基地からバスを乗り継いで都江堰市へ入った。夕方になっていて、さっそく旅館を探した。若いN君は私との旅行の後に成都に戻り、別の友人とチベット自治区へ陸路で入域する計画であり、「予算が厳しいので安い所にしましょう」と言うのである。民宿に毛の生えたような「明蓉旅館」に宿泊、ひとり八十元（約千二百円）だった。その小さな旅館も、今回の地震で倒壊してしまったかもしれない。

紀元前の水利事業

都江堰とは「都《みやこ》の江《かわ》の堰《せき》」の意味である。築造されたのは二千二百年以上も前のこ

麗江へひとり旅、4日間滞在。午前8時になると観光客でごったがえす街中も、早朝は静かで雰囲気がある。2004年5月撮影。

限りなくラオス国境に近い村での水かけ祭り。近郷近在から人々が大勢集まってくる。2004年4月15日撮影。

と。「岷江《びんこう》の洪水防止」、「灌漑用水の獲得」そして「舟を使用した水運」を可能とした多目的大型水利施設で、二十一世紀の現在も立派に使い続けられている。初めて都江堰を見た時の第一印象は、「とてつもなく広い」ということだった。詳しい解説書の類を用意しないで来たために、よく理解できない部分もあった。歩き疲れたN君が「どこかで休みましょう」と訴える。そこで、立派な屋根のついた「南橋」なる橋の上で休むことにした。気のせいか少し涼しい感じがする。そうか、大勢の人達が橋の両端に設置されているベンチに腰を下ろしているのは、水しぶきが飛んで来て涼しいからなのだ。川の両側には椅子とテーブルがあり、お茶を飲む人達がいた。こちらは有料のお休み処、橋の上は無料と言うわけだ。

「宝瓶口《ほうへいこう》」の激流

今は七月、雨季で水の多い季節である。下の写真が南橋で、岷江の本流から「宝瓶《ほうへい》口《こう》」（正式名は「離堆《りたい》取水口」という）で取水された導水路が約五百メートル下ったところに架かっている。結構な水量である。これを撮影した時点では、この激流が人工の川であることを知らない。二千年以上も前の古代人にこれほど豊かな流れを自在に調節する技術力があるとは、そのとき考えが及ばなかったのである。南宋の詩人・范《はん》成大《せいだい》は「まるで雷のように轟《とどろ》き、雲のように逆巻いている」と、激流の様を表現している。

岩を砕く

100名以上の人々が南橋の上で涼んでいる。屋根つきの橋は“通路”であると同時に“憩いの場”にもなる。N君撮影。

表面張力で水面が盛り上がっているようにみえる。ごうごうと音が聞こえるほど、流れは激しい。この水が成都を潤す。

下のイラストで示したように、このあたりの地形は、元は硬い岩盤の山だったのである。岩を砕くため、まずは大いに火を起こして山を熱し、すぐに冷水をかける。これを何度か繰り返すと岩が脆くなる。気の遠くなるような根気の要る仕事だ。紀元前二五〇年ごろ、秦国の支配下にあった蜀郡の太守に李冰《りひょう》が任命され、築造が始まった。彼の死後、息子の李二郎《りじろう》の監督の下、紀元前二三〇年頃に完成させたものとみられている。親子二代、二十年もの歳月を必要とする大工事だった。

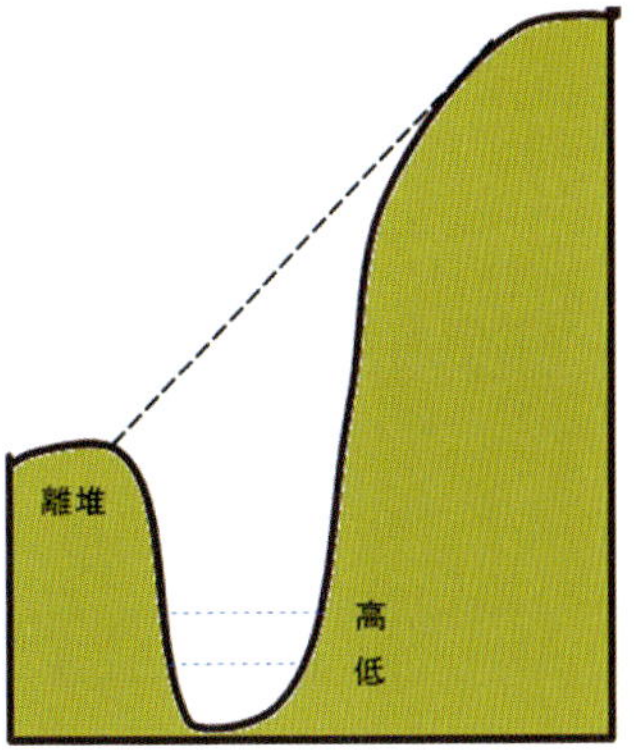

宝瓶口の図表的横断面。ニーダム教授の説明図から引用。斜めの点線が、昔あったと思われる岩盤。高低は水位を示す。

都江堰の土木技術

以上のことは、『史記』河渠書に記録されている。

太守の（李）冰は、離れた岡（離堆）を（つくろうとして、山の肩部を）切り通した。そして沫水による災害を取り除き、成都（平原）に二本の大きな水路（江）を開鑿した。

イギリスの科学史学者の大家、ジョセフ・ニーダムも都江堰の調査と研究を行っている。彼は一九四三年と一九五八年の二度に渡る調査の上、都江堰の灌漑システムに関して「それに匹敵しうるのは古代のナイルの工事だけである」と絶賛している（『中国の科学と文明』第十巻、思索社）。

南橋の近くのお休み処でお茶を飲む。いろいろな物売りが来るのは当然としても「爪を切りませんか」という商売人が回ってきた。さすが中国だと感心した。

あれから五年経った二〇〇九年現在でも一番印象深いのが、南橋付近のあふれるような水の流れなのだが、いくつかの資料にあたると「それだけではない」らしい。

堰止めを作らずに取水する

「初めて都江堰の水利施設を見た人たちは、いつも離堆の雄大さにひきつけられるが、『せき止めを作らずに自流調節し、取水できること』が最大の鍵である」と専門家たちは言う。水利施設を作る際の重要なポイントが、「いかに洪水を防ぐか」ということと、「いかに土砂を排出するか」の二点なのである。

都江堰は地形を巧みに利用することによって水と土砂をせき止めることなく、渇水の季節には土砂を積極的に浚渫し、満水の季節には水を自在に放流する。だからこそ二千年もの長い期間にあっても河川が塞がらず、水流も変わらなかったのである。

暴れ川・岷江

今回の大地震報道でお分かりのように、四川省西部から甘粛省南部、そしてチベット自治区東部にかけての一帯は、三千メートルから四千メートル級の山岳地帯の間を縫うように大河が流れている。地震で土砂が崩れ、せき止められた河川は大きなダムと化し、それが決壊すると二次災害の危険性を帯びてくる。都江堰がある岷江とは、そのような地を流れている大河のひとつなのだ。

岷江の源流は、甘粛省との省境に近い四千メートル余の岷山山脈の南麓である。河源から都江堰までの距離が三百二十キロメートル、標高差が実に二千メートル以上もある。その激流が山岳地帯から飛び出してきて平野部に出たところが都江堰なのだ。雨季ともなれば増水した流れは至るところで洪水を起こした。

人工の中洲・「金剛堤」

地図で説明しながら、都江堰の各施設をご案内しよう。まずは「離堆公園」の入り口でチケットを買って入場する。七月六日晴れ、午前十時。高所から全体の風景を眺める。

川が流れており、中洲があり、その先に山々が見えた。今にして思うのだが、大地震の震源地がこの光景のなかにあったはずである。

専門家たちが言うところの都江堰最大のポイント・人工の中洲へ向かった。川の流れを二分するために築かれた細長い堰で、その名を「金剛堤《こんごうてい》」という。中央部分は緑に覆われており、舗装された歩道がある。当時すでに世界遺産に登録されていたけれどあまり有名では

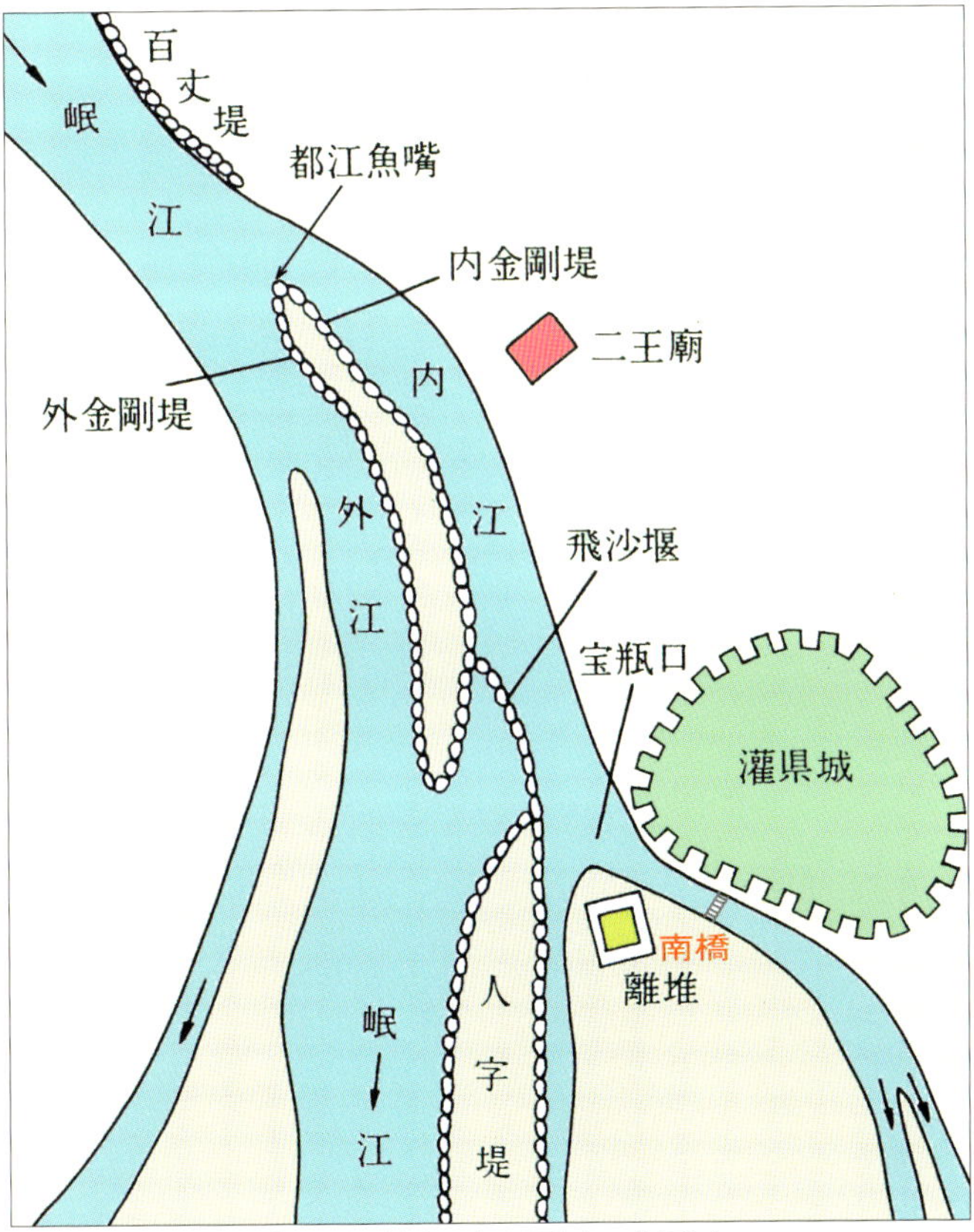

都江堰構造物配置図(『長江水利史』より)。原図を加工修正した。

なかったし、私も初歩的ガイドブック程度の知識しか持ち合わせていなかった。「灌漑システム」を理解していなければただの中州に設けられた堤防にしか見えない。

私とN君は風に吹かれながら、金剛堤内に設置された歩道を歩いた。金剛堤によって二分された岷江は、それぞれ西側が「外江」、東側が「内江」と呼ばれ、本流は「外江」の方である。外江側の堤防を「外金剛堤」といい、長さは七百五十メートル、内江側の「内金剛堤」の長さは六百八十メートル。この半月の形をした金剛堤が都江堰の「堰」に相当するのであった。

「魚嘴《ぎょし》」

金剛堤の尖がった最先端部分は、中国の代表的な淡水魚・レンギョの口に似ているところから「魚嘴《ぎょし》」と呼ばれるようになった。前ページの地図では「都江魚嘴」とある。魚嘴は、流れて来る水を外江と内江に分ける役割を持っている。内江は先ほども触れた「宝瓶口」に入って南橋の下をくぐり抜け、成都平野に流れて行く。都江堰が築かれる以前はここに大きな山がたちはだかっていたわけで、流れ下ってきた岷江は岩に当たって曲流し、洪水の原因となっていたという。

満水期、激しい流れは土砂も多く運んで来る。土砂を含んだ大量の水は岷江の湾曲や周囲の地勢のため外江に流れ込み、土砂の少ない表層水は魚嘴で分流されて内江に流れる。水量の割合は外江の六対内江の四で、濁流が成都平野に流入するのを防いでくれる。逆に春の渇水期は水位が低く、入り口の広い内江

奥に立つ太いロープで結ばれた三足の丸太は、堤防を囲むときなどに使用されるもの。手前に横たわっているのが“石詰め竹籠”。

船首を思わせる魚嘴の先端部。大昔は“石詰め竹籠”製だった。2002年冬の修理工事で鉄筋コンクリート製となった。

に流れる量が多く、割合は外江の四対内江の六となり、成都平野における灌漑の需要を満たしてくれる。

石詰め竹籠

この中州を築く上で重要な役割を果たした材料が、竹籠に石をぎっしりと詰め込んだ「石詰め竹籠」だった。この建築資材は、急流に対して十分な耐久力を持ち、材料が簡単に入手でき、さらに製作コストが低いという三つの条件を満たしていた。農閑期に都江堰周囲の家で簡単に作ることができるため、毎年のようにこの水利施設を改修、改良することを可能にしたといえる。しかし、それにしても何万、何十万個の「石詰め竹籠」が必要だったのだろうか、この大きな中州を作り上げるために。

“石詰め竹籠”は説明用の展示物だと思っていたがそうではなく、現在でも実際に使用されている資材なのだった。

「飛沙堰《ひさえん》」

写真ではお見せできないけれど、もうひとつの工夫がある。「金剛堤」が尽きるあたりに設けられた、長さ二百メートルの「飛沙堰《ひさえん》」と呼ばれる堤防である。この堤防も外江と内江の中間に設置され、両江の水を分ける役割を担っているのだが、満水期には水面下に没し、渇水期には姿を現す。その堤防の高さがポイントなのだ。水量が多いときは内江の水が飛沙堰を越えて外江へ流れる、つまり必要以上の水が内江に流れて行かないことになる。逆に水量の少ない春先は、内江の水は飛沙堰にせき止められ、すべて成都平野の方へ流れて灌漑用水となる。年間を通して水位を自然調節するのと同時に、外江の土砂が内江の灌漑水路に流れ込むのを防ぐ機能も持っている。「二度目の土砂対策」がなされているわけだ。

李冰

まとめてみよう。都江堰は上流から「魚嘴」、「飛沙堰」、「宝瓶口」の三点セットが相互に機能して、「せき止めを作らずに取水する」という、世界でも例のない水利施設なのである。しかもその原型は二千二百年前に確立した。四世紀に書かれた地理書『華陽国志』では、都江堰に隣接した県出身の収集官が次のように記録している。

李冰は河川をさえぎり堰をつくり、ふたつの川を開削して支流とした。やがて水田が開かれた。このため蜀は沃野千里の地となり、陸の海と称され、土地が乾けば引水し、雨が降れば水門を閉じ、水の調整は人に従い、飢饉を知らず凶作が無く、天下は天府と呼んだ。

私たちは休憩の後、山側にある「二王廟」へ向かった。樹木の繁った山腹に、李親子を祀った廟とそれに付随する建物である。

これらの建造物は水利施設とは直接の関係はないのだが、楽楼の灌瀾《かんらん》亭《てい》内では壁一面に彫られた彫刻が目についた。それは「治河三字経《ちかさんじきょう》」の書き出しの部分であり、「李冰の精神を忘れるな」という戒めであろう。

吊り橋の上から内江を撮影。現在は満水期。この流れはすぐ下流で二手に分かれ、一方の流れは再び外江に合流し、もう一方は成都平原へと流れて行く。

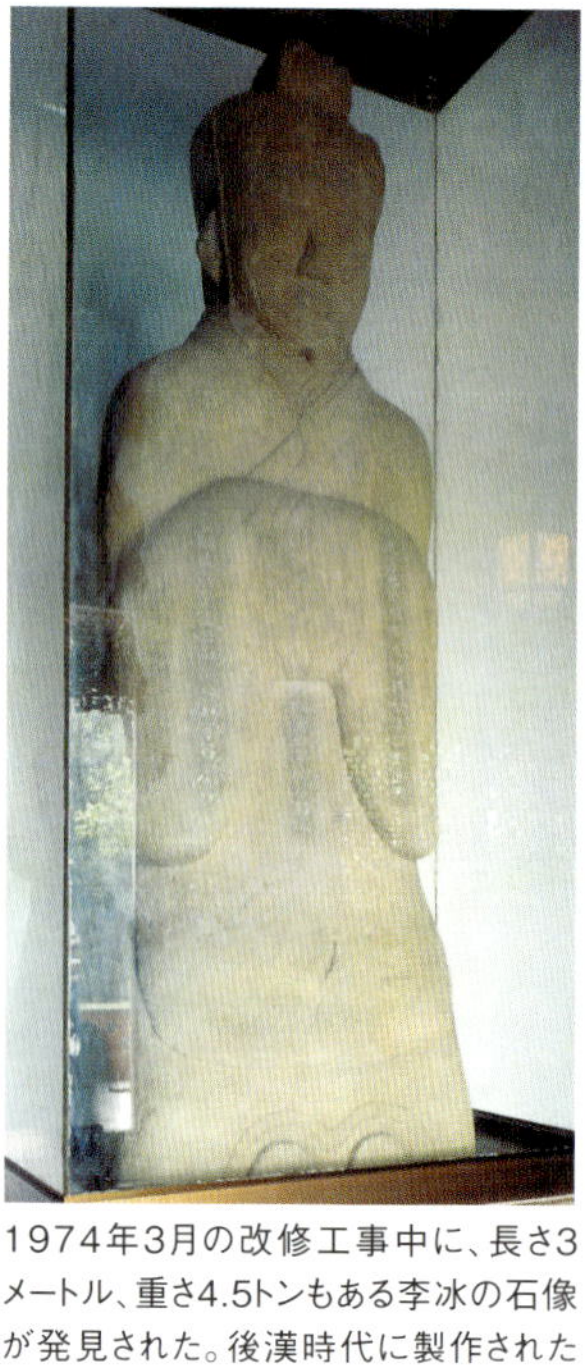

1974年3月の改修工事中に、長さ3メートル、重さ4.5トンもある李冰の石像が発見された。後漢時代に製作されたもの。

水路を深く掘れ

水路を深く掘れ　［深淘灘］
そして余水路を低くしておけ　［低作堰］
この六字の教訓は　［六字旨］
千秋の間、有効である、川の石をさらい取り、それを堤防に積み重ねよ、石を切って魚のくちばしをつくれ、（略）竹かごをしっかりと編み、石をその中にきっちりと詰め込め、水を四対六の割合で分配し、水位の高低を統一せよ、（略）毎年毎年、川底をさらえよ、そして洪水とあらゆる災害を取り除くため、古代の方式を尊重し、そしてそれを軽々しく変更してはならぬ。

（『中国の科学と文明』より）

都江堰の旅はここで終わるが、二〇〇八年六月六日付朝日新聞夕刊「文化財再建手つかず」の記事で締めくくりたい。

成都の中心から北西約五十キロの都江堰。紀元前から工事が始まった中国最古の水利施設の一帯は、道教の聖地の青城山とともに世界文化遺産に登録されている。土木工事を指揮した親子をたたえ、約千五百年前に建立されたとされる道教寺院『二王廟』は、建築物の大半が崩壊した。境内には約三十人の信徒らのテントが並ぶ。（略）がれきの撤去はほとんど手つかず。警備関係者は「地盤がよくないし、車も入らないので手作業で片づけるしかない」とため息をついた。周辺のホテルも軒並み廃虚と化した。

全文が60字からなる『治水技術の要諦』の最初の6文字。文章自体は元時代に彫られたものだが、都江堰の治水技術は“千年の秋”守られている。

第十六話　西南シルクロードの起点・三星堆へ

成都平原

話は若いN君とのふたり旅に戻る。都江堰から東南に五十キロ、路線バスに乗って成都に戻り、「交通飯店」に宿泊。当時のメモによれば、二日後の七月八日、三星堆博物館のある広漢市に日帰り旅行をしている。成都から北へ四十キロ、これも路線バスでの往復であった。三星堆遺跡について述べる前に、成都を中心として都江堰や広漢を含む「成都平原」を俯瞰したい。次ページの地図を見ていただきたい。

四川省の年平均気温は十六・三度と温暖で、年間雨量は千ミリ以上であり、亜熱帯性の湿潤なモンスーン気候に属している。西側の山岳地帯から流れ出す岷江、沱江が扇状地を形成し、大昔から豊かな農作物をもたらす条件を備えていた。そうして初期農耕社会が発達したと考えられる。

成都平原には複数の城壁都市のあとが発見されており、新津県の「宝敦《ほうとん》遺跡」は約四千五百年前のものと推定された。この遺跡は東西六百メートル、南北千百メートルの長方形の城壁に囲まれており、城壁の壁は厚く、幅四十メートル、高さは七メートルに及ぶ。この頑丈な壁は外敵を防ぐばかりでなく、洪水から田畑を守るためのものであったろう。また、都江堰市の近くで「芒城《ぼうじょう》遺跡」など、成都平原だけでも九ヵ所の城壁都市遺跡が確認されている。

古代蜀国と三星堆文化

都江堰と成都は岷江水系に属し、その標高差は三百メートルである。これに対して広漢は沱江水系に属し、しかも成都より標高が高い。これは洪水の直撃からまぬがれ易いことを意味する。暴れ川・岷江と無縁で、しかも肥沃な平原地帯に三星堆文化が存在したことの意味は大きい。京都大学名誉教授の竹内実氏は「蜀の国の歴史はどこまでが伝説で、どこまでが事実かわからないところがあるが」とことわった上で「むかし四川省の西部に『蜀』と言う国があって、さいきん発掘された三星堆をみやことしていた。そのみやこが成都にうつったのは紀元前五世紀のころ」(『中国長江・歴史の旅』朝日選書)と言う。ちなみに蜀が秦に滅ぼされるのは紀元前三一六年、これはあらゆる史料で一致している。また都江堰の大工事が始まるのは紀元前二五〇年ごろとされる。

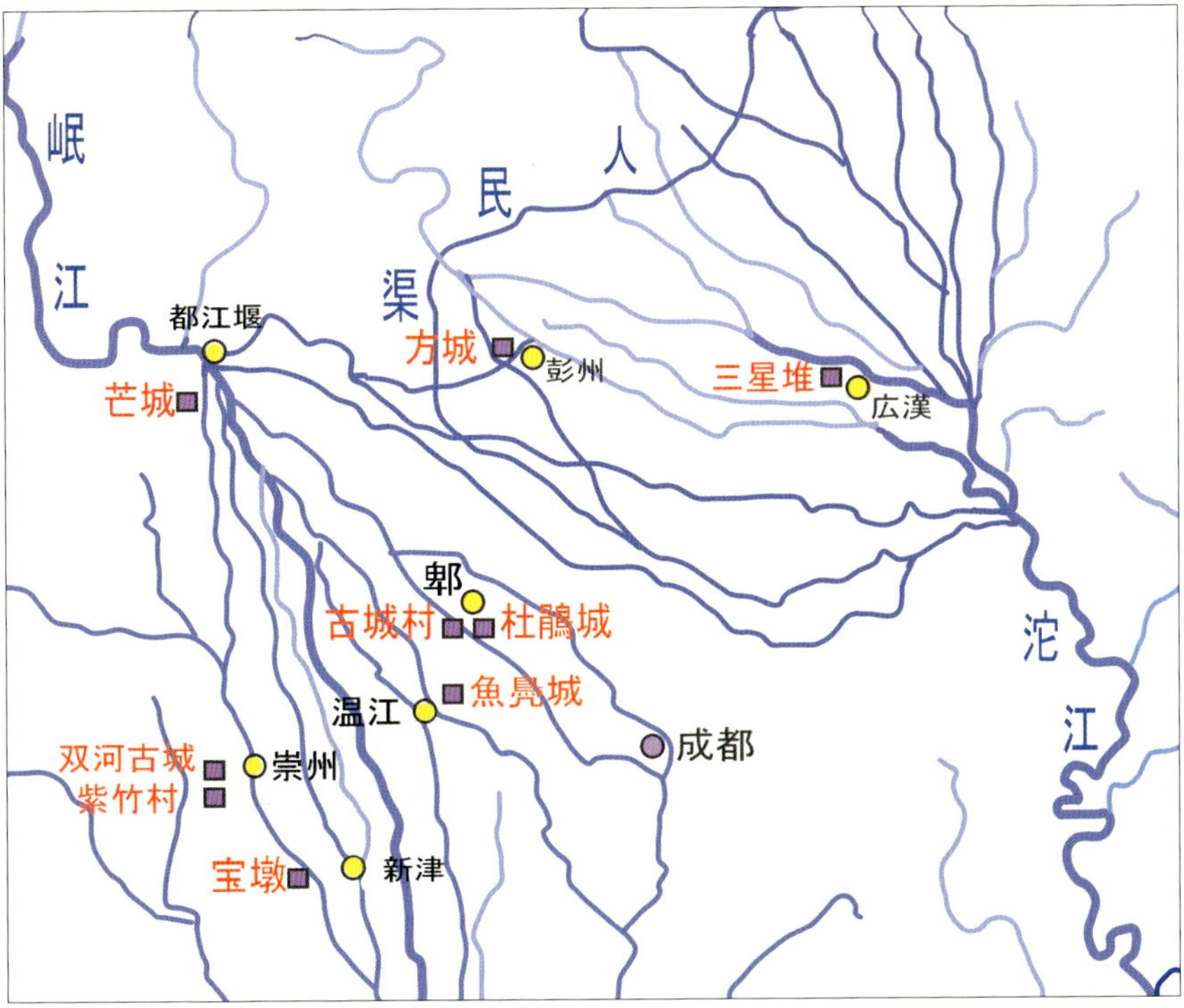

“蜀の国”地図

二十世紀最大の発見

「三星堆遺跡」が発見された経緯については、すでに第四話で触れた。この「二十世紀最大の発見のひとつ」にも数えられる一九八六年夏の発掘作業では、長さ六・六メートル、幅三・四メートル、深さ一・六メートルの「一号坑」と、それより少し小さめの「二号坑」と呼ばれるふたつの土穴に、大量の遺物が隠されていることが分かり、世界中の注目を浴びた。

しかし、三星堆遺跡そのものの発掘はすでに六十年も前から始められており、その歴史は長いのである。私たち素人は、最近出土した青銅器製の謎の仮面や黄金製品に目を奪われがちだが、数千点の石器、数万点の陶器など、出土品の数は中国全土でもまれに見る多さなのだ。

私は三星堆の地を二度訪れている。最初は二〇〇四年に若いN君とふたりで、二度目は二〇〇七年九月、「荘魯迅先生と行く中国の旅」のツアー二十名で。考古学、歴史学の専門的なことは類書におまかせして、私の印象に残った部分を整理して述べたい。

鴨子河

成都から路線バスに乗り、広漢のバスターミナルで下車。少し歩き、三星堆博物館行きの乗り物に乗る。記憶では馬車だったような気がするのだが、とにかく「鴨子河《おうしが》」の堤防をゆっくり、ゆっくり走った。右手に川があり、中州も見えた。川幅は広いが水深はそれほどでもないことが分か

鴨子河。川幅が広い割には水深が浅い。2007年撮影。

る。河の真ん中で水牛たちが群れていたり、黒い山羊も見えたし、鳥が飛んでいる。それに鴨子《あひる》たちがいる。なんという豊かさだろう。私にはこのときの鴨子河の印象が強く心に残っている。川には魚たちも棲んでいるだろうし、まさにこの地は古誌に言うところの「陸海」、つまり海のように物産の豊かな陸地ではないか。しかし残念ながらそのときの写真はない。右ページの鴨子河は二度目の訪問の時、走行中の専用バスの中から撮影したものである。

三星堆遺跡

地図を参照しつつ、遺跡全体を説明しよう。一九八〇年夏の発掘において、この遺跡が東西約千六百メートル、南北約二千メートル、不規則な方形をした、東西南北とも城壁で囲まれた古代都市遺跡であることが確認され

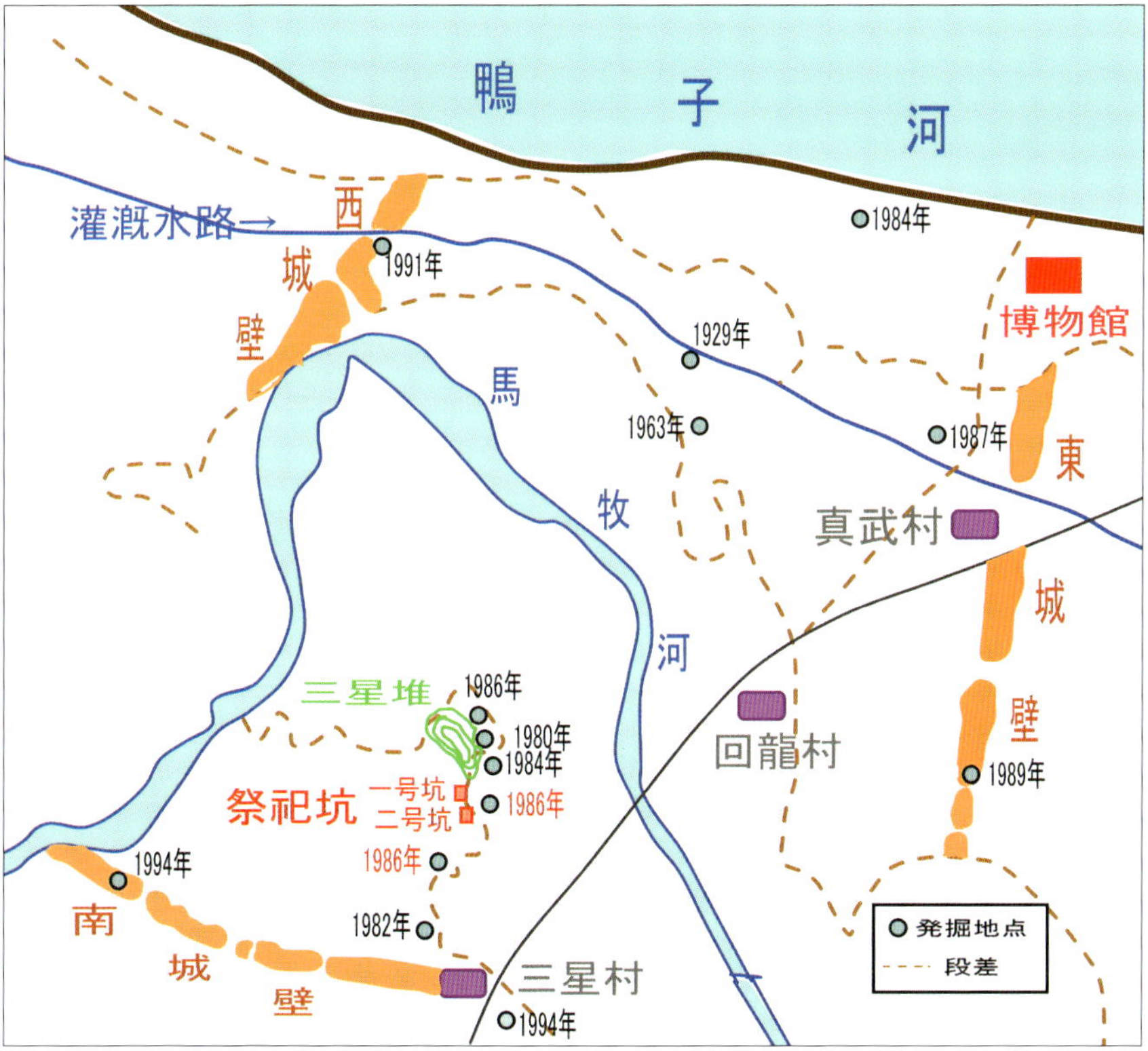

三星堆遺跡の発掘調査地図。三星堆博物館にて。"○"は発掘地点を示す。

たのである。北の部分は洪水で流されたらしく跡形も無いが、東側の城壁は現存する。断面は台形をしており、城壁上部の幅は約二十メートル、下の基礎部分の幅は平均して四十メートル余、高さが四メートル。破壊の度合いはかなりのものだったが、基礎部分はしっかり残されていた。現存する東城壁の長さは千百メートルあり、もとは千八百メートル以上はあったと推測される。城壁の東北隅に「三星堆博物館」がある。南城壁は約二百十メートル、西城壁は約八百メートルほど現存している。

城壁都市

城壁の構成は、板枠の中に土を入れて棒で突き固め、層を重ねてつくる「版築《はんちく》」と呼ばれる手法で建造され、城内だけで総面積が二・六平方キロメートルと広い（計測の仕方に違いがあるのか、三・五平方キロという報告もある）。

「三星堆遺跡」と言っても全体が保存されているわけではなく、むしろ普通の農村風景のなかに博物館、特別保存地区がある、といった具合なのだ。二〇〇七年九月、私たちは専用バスに乗り、三星

三星堆博物館は鴨子河畔にあり、遺跡全体の東北角に位置する。1997年竣工。

2度目の訪問は2007年9月9日。ちょうど収穫の時期だった。周囲は普通の農村だが、地下にはまだ秘宝が眠っているかもしれない。

道路わきの小川で群れるあひるたち。野生の真鴨を家禽化したものをあひるという。中国語で“鴨子”はあひるのこと。

堆博物館から南城壁へと移動したのだが、ちょうどそのころが秋の収穫時期だった。普段と違った光景に、バスの運転手は道に迷ってしまった。やむなく、バスを停めて村人に遺跡の位置を尋ね、ようやく「一号坑」や南城壁を探し当てたのだった。ちなみに日本で最大規模の環濠集落といえば吉野ヶ里遺跡で四十ヘクタール、三内丸山遺跡は三十五ヘクタール。「一二・六平方キロ」といえば、その六〜七倍に相当する。この古代城壁都市には「最盛期で一万五千世帯、計七万六千人余りが住んでいた」と言う推定がある（徐朝龍、NHK取材班『謎の古代王国』NHK出版）。

三星堆遺跡と鄭州商城のあいだ

城壁に関する考古学調査が行われるなか、いろいろなことが判明した。城壁が築き始められるのは紀元前十六世紀ごろの殷前期で、紀元前十一世紀ごろの西周前期まで使用されていた。城内の発掘では、大量の建築遺構、玉石器の加工工房、土器の窯跡、排水施設や一般庶民の墓などが見つかっている。

三星堆遺跡の規模や年代の古さは、河南省から発掘された殷王朝の都・「鄭州商《ていしゅうしょう》城《じょう》」と同程度であることが分かった。鄭州商城の存在が歴史的事実となり得た決め手は、甲骨文や青銅器銘文などのいわゆる文字史料であり、三星堆遺跡に欠けているものはそれら文字史料だけ、と言っていいのである。

南城壁

草叢と雑木に囲まれて寸断された南城壁があった。基本的構造は東城壁と同じ

現存する南城壁の一部。ここからさらに南方へ数百メートルの場所で、城壁の遺跡が発見された。本格的な発掘が待たれる。

通りかかった農民に1号坑と2号坑の発掘現場を尋ねる。それほど遺跡全体が広く、案内板が整備されていないのだ。

で基礎幅四十メートル、上部幅二十メートル。ただし高さは六メートルと少し高めにできており、さらに城壁の外側に深さ二・八メートルの堀があるということだったが、確認はできなかった。

時間的にも余裕が無く、概観を撮影しただけで引き返した。現存する南城壁は二百十メートルだけとなっている。

三星堆遺跡を訪れる観光客は多いが、大半は博物館の見学だけで帰ってしまう。展示物が多く充実しており、博物館をじっくり鑑賞すれば時間がいくらあっても足りないのだ。しかも遺跡全体が広く、車とガイドなしに全体を回るのは難しい。

「二号坑」

三星堆博物館と並ぶもう一つの観光スポット「一号坑・二号坑」特別保存地区に専用バスが到着した。発掘された現場を復元し、全体を強化ガラスで覆ってすぐ近くから見学できるようにしてある。私たちが訪れたとき、結婚式の記念撮影だろうか、新郎新婦のふたりが「二号坑」を覆う強化ガラスの真上でポーズを取り、カメラマンがさかんにシャッターを押しているところだった。大きなレフを持ったアシスタントを入れて計四名が立っているのに、強化ガラスはび

2号坑の調査。電灯をつけ、夜遅くまで仕事をする裸足の調査員。2つの穴は“古蜀国祭祀穴”と名づけられた。

2号坑の発掘時記録写真。最上層部には、坑全体をおおうように象牙が敷き詰められていた。

2号坑の上で遊ぶ地元の女の子たち。良く見るとおしゃれで、生活レベルの高さを示している。

くともしない。撮影隊が去り、私たちが見学をし始めると、今度は女の子がふたり寄って来て、「二号坑」強化ガラスの上で遊んでいる。目の前で、現実と「中国五千年」が交錯し、私はめまいのようなものを感じた。

さて、「二号坑」であるが、先に発見された「一号坑」の東南約三十メートルの地点にあり、口部が底部より大きい逆台形を形成している。長さ約五・三メートル、幅約二・三メートル、深さは約一・五メートル。

この小さな穴に、成都平野における古代史の謎を解き明かす遺物がぎっしり詰まっていたのである。それらはおよそ三層に分かれ、最上層には象牙が敷き詰められていた。その下部に立人像、人頭像、酒器など大型の青銅器の器物が、最下層には玉石器、子安貝など小型の青銅器の器物が、実に三千年以上も眠っていた。

「一号坑」も含めた二つの穴から出土した遺物を整理すると次のようになる。

・数百グラムの金器。
・総重量一トンを越す青銅器。点数でいえば四百から五百点。
・五百点以上の玉・石器。
・八十本を越す象牙。
・大量の子安貝。

三星堆遺跡を解説する荘魯迅氏(右から5人目)。「李白、杜甫の足跡を辿る旅」の途中、立ち寄った。

象牙

「二号坑」からは六十本以上、出土品数が少ない「一号坑」からも十三本の象牙が出土している。象牙といえば、私にはインドやミャンマーとの交易で得たものしか思い浮かばないが、どうもそうではないらしい。火に焼かれた象牙とともに象の前歯や臼歯《きゅうし》も同時に出土している。象牙だけが交易の対象として運ばれたのではなく、象そのものがこの地で犠牲にされたというのだ。八十頭に上る象の群れ、それらを火炙《ひあぶ》りにする様は想像を絶する。いったい何があったというのだろう。

子安貝（タカラガイ）

つややかな乳白色をしていて、女性の性器に似た形をしている。「子安貝」と呼ばれ、安産や豊穣を象徴する。「一号坑」および「二号坑」の二つの穴から数千点の子安貝が出土した。いくつかの種類があり、いずれもインド洋から西太平洋にかけての海域で採れたものとわかる。「西南シルクロード」を通ってもたらされたことは明らかである。

甲骨文の「貝」の字は子安貝を象《かたど》ったものである。白川静は『字統』で言う、「卜文・金文にみえる貝は子安貝の形であり、殷周期の装飾品や明器の類に、これに模した玉石の類もみられる。沿海より遠く中原の地に運ばれて、宝貝とされたものであろう」。

実際に、殷王朝より前の夏王朝の遺跡だと確実視される河南省堰師《えんし》市の「二《に》里頭《りとう》遺跡」から百点以上の子安貝が出土した（岡村秀典『夏王朝・王権誕生の考古学』講談社）。夏王朝の滅亡は紀元前十六世紀ごろとされるから、二里頭

二つの穴から大量に出土した子安貝。タカラガイのうちでも特に大きなものを言う。古代の貨幣、安産のお守り。

遺跡など中原で栄えた文化とインドを結ぶ交易のルートの歴史はどこまで遡るのであろうか。そしてもちろん三星堆も。記録に残る、前漢の武帝が張騫やその部下の甘英らに命じて開発させた「シルクロード」の遥か以前のことである。

「貝」という文字

子安貝は「一号坑」では青銅器の人頭像の中に、「二号坑」では人頭像と「尊《そん》」(酒器)の中に納められていた。三星堆文化の栄えた時期からおよそ四百年ほど時代を下った戦国時代、雲南省に存在した滇国には子安貝を入れる青銅容器「貯貝器」さえ登場していた。このことは第二話で触れた。

中国における最初の貨幣こそが子安貝であり、そのDNAとでもいうべき「貝」は二十一世紀の現代に至るまで、漢字の中に根強く生きている。「財」、「貨」、「貴」、「貯」、「費」、「買」、「貿」、「賃」、「資」など、すべてお金や商売に関わる文字である。

二つの穴の発掘現場は小高い丘になっており、のどかな秋の田園風景が見渡せた。さきほど撮影をしていた新婚さんたちもまだ楽しんでいる。散歩するあひるが見える。広い舗装道路は至るところで「もみ米」によって占領されていた。

青銅製の仮面

三星堆博物館の陳列室へ戻った。ほとんどが前述の「一号坑」と「二号坑」から発掘されたものである。金製品、青銅器、玉石器、象牙、子安貝など、出土品

乾燥させるには舗装道路が適しているのだろう、いたるところでこんな風景が見られた。

つややかな乳白色をした子安貝。それほど古いものではない。昆明の雲南省博物館にて撮影。

の中で最も衝撃的だったのは、二十余点の「青銅製仮面」と五十数点の「人頭像」だろう。三星堆遺跡における文化の独自性、つまり他の遺跡にはなくて三星堆にしかないものといえば、青銅製仮面であり、人頭像である。その中で最も注目されるのが「大型縦目《たてめ》仮面」である。現地で発行された図録によれば「青銅製獣面」とも呼び、その説明には、「造形上から見ると、人間に似ているようで人間ではない、獣に似ているようで獣でもない、人間と動物が一体になる神霊の形象だ」とある。高さ六十五センチメートル、幅百三十八センチと、仮面としては群を抜いて大きい。牛のそれを思わせるような大きな耳、三角形に突き出た鷹のような鼻、しかし何よりも異様なのは蟹の目のように飛び出した眼球だ。仮面そのものも大型だが、この凸目の直径は十六・五センチ、長さは十三・五センチもある。

大型縦目仮面。同形でやや小ぶりの仮面2点が、同じ2号坑から出土している。本来、三尊仏の3体セットだったのかもしれない。

『華陽国志』の記述

ここで、四世紀に東晋の常璩《じょうきょ》によって編まれた『華陽国志』が登場する。主に古代の中国西南地区をめぐる地理や歴史、人物の事跡が記された、いわゆる地方志で、そのうちの「蜀志」中に「古代蜀の国の最初の王は、名を蚕叢《さんそう》と言い、その目が縦目である」の一行があるのだ。ここに着目した考古学者の徐朝龍氏は精力的に著作を発表し続け、現在、三星堆の研究に関しては中国・日本を通じて第一人者であると言っていい。「縦目仮面の主」が「蜀王の蚕叢」だという学説が、今では中国の学者たちにも受け入れられつつある。

蜀王・蚕叢

それまでは奇書としての評価しか得られなかった『華陽国志』蜀志の記述が、三星堆遺跡の発掘によってクローズアップされることになった。「二号坑」から出土した「大型縦目仮面」が物的証拠となり、伝説・神話の類とされた内容の見直しが迫られたのだ。蚕叢ははじめ岷山に住まいを定め、人々に養蚕を教えた王であること、そして現実に蚕叢を神として祭る地方が四川省に存在すること、岷江の上流一帯に「蚕」の文字がつく地名がいくつも存在すること、などの内容である。

蚕叢をめぐる『華陽国志』蜀志の記述と「大型縦目仮面」との関係をまとめると、次のような仮説が立てられる。

・縦目仮面は「蚕叢」である。
・蚕叢は古代蜀の国の初代の王である。
・蚕叢は人々に養蚕を教え、養蚕の神として祀られている。

「蜀」と蚕

先に立てた三つの仮説をさらに整理すると、「三星堆＝蜀＝蚕＝蜀錦」の構図が浮かび上がってくる。後漢時代の字書『説文解字《せつもんかいじ》』によると、そもそも甲骨文にある「蜀」と言う文字は、桑の葉を食べる蚕がうごめくさまを象ったものであるという。

一見非科学的な神話や伝説に出てくる王国や都市が、考古学的調査に

甲骨文に刻まれた"蜀"の字体。右から2番目が周代のもので、漢字に近づいていることが分かる。

蚕。桑の葉を食べる音がはっきりと聞こえる。大理近くの村で撮影。

裏付けられて発掘され、実際に証明されることはよくあることだ。一方で、それらの伝説を認めたがらない学者や研究者は多い。仮説を立てる者、それを認めず否定する者。両者の対決は「文字史料」という決定的な証拠が発掘されるまで続くだろう。

青銅製人像

三星堆遺跡から出土した青銅製の人像は五十数点あり、およそ三種のタイプに分かれる。

一、全身の人像。立つ姿と跪く姿の二種がある。

二、人頭像。

三、半人間、半動物結合の人像。

次ページ右の作品の正式名称は「金面《マスク》銅製平頂人頭像」といい、金箔を貼った平らな頭の人の像である。青銅器の鋳造技術はかなり高度だといわれる。そもそも青銅とは銅と錫《すず》の合金で、錫の割合が多くなればなるほど黄金色となるが、一方では脆く壊れやすくなる。全体的に、この「一号坑」と「二号坑」から出土した青銅器は錫の含有率が低く、代わりに鉛が含まれる傾向にあるという。この人頭像も同様に、錫の含有率は低い。そして、代わりに使用された鉛は、主に金沙江流域の雲南省永善《えいぜん》県産のものと判明した。また同じく「一号坑」と「二号坑」から出土した青銅器に使用されている銅の産地は、四川南部の会理《かいり》と雲南北部の東川《とうせん》一帯であった可能性が強い。これら銅の原材料の産地は、いずれも四川省と雲南省の省境に位置している。銅の含有量はかなり低く、精錬するには多くの人手と資材と技術が必要であったろう。

この人頭像の顔の部分には金でできたマスクが貼られている。この金の純度は八十六パーセント以上もあり、当時の技術の高さが相当なものであったことが分かる。そして金の産地も雲南省だったらしい。古代蜀の国の支配権が雲南省にまで及んでいたのか、交易の結果なのか。いずれにしても「頻繁な往来」があったことに間違いはない。

これらの人頭像はいずれも空洞で、高さが二十センチ余り。いったい何に使われていたのだろうか。三星堆博物館ではただ陳列されているだけだが、当時は木か粘土で人体の部分を継ぎ足して衣服を着装させ、祭祀のときに神殿に飾っていたと推定される。金のマスク、帽子、髪型そして表情から、彼らが神官、その側近、武人だったと識別される。

中国古代史における夏、殷、周の三王朝時代のことを考古学上「青銅器時代」と時代区分することがある。それらはいずれも黄河流域に栄えた王朝で、それが長らく学界の定説となっていたが、突然、黄河とは関係のない長江水系にあたる三星堆遺跡から「青銅器時代の常識」を越える巨大な青銅器が出現したのである。続いて、「立人像」と「神樹」をご紹介する。

立人像

五十数点ある人像のうち全身で「立った状態」のものは「立人像」ただ一点のみである。しかも高さが二・六二メートル、重さ百八十キログラムと桁外

金のマスクをつけた青銅人頭像。高さ42.5センチ、幅19.5センチ。2号坑から出土。殷代後期のもの。

青銅製無冠人頭像。高さ24.4センチ、幅24センチ。1号坑から出土。もともと冠があったと思われる。殷代中期。

れの大きさ。こんな巨大な青銅鋳造像は殷代の中国にはなかった。その巨大さのせいだろう、出土したとき二つに割れた状態で発見され、後に復元したものである。「鋳造にあたっては、全体を一時に鋳造するのではなく、幾つかの部分に分けて鋳造し、それを後でつなぎ合わせた」(『三星堆』朝日新聞社・テレビ朝日)ものだが、整然と仕上げられているのを見ても、鋳造技術の高さが分かる。

改めて三枚の写真を見てみよう。この「立人像」の人物の身長は一・七メートルあるが、顔などに比べて手の部分が異様に大きい。左右の手は何らかの器物を持っていたような格好をしている。祭祀儀礼に関わる玉琮《ぎょくそう》や象牙を持っていたのではないか、と言う説がある。だが、左右の手で角度が全然合わない。「呪術師がまじないをするときの動作を示しているのであって、最初から何も持っていない」と

立人像の全体像。人像部分の高さは172センチ、台座の高さは90センチ。紋様のついた衣装が見事である。

立人像を見上げる観光客。手にはいったい何を持っていたのだろう。

持っていたのは“玉琮”、“神樹”、“象牙”、“大蛇”から“何も持っていなかった”という説まで、議論百出。

いう解釈もあって、定説はない。

神樹

高さが三百八十四センチもある巨大な「神樹」は二つの点で重要な意味を持つ。ひとつは単独の遺物として、中国の青銅器時代における史上最大規模であること。もうひとつは、この「神樹」が『山海《せんがい》経《きょう》』という古典に登場する「扶桑《ふそう》」に比定されることである。

巨大神樹。高さ384センチ、台座の直径は92.4センチ。

『山海経』と「扶桑」

平凡社の『世界百科事典』によれば、「扶桑」とは中国神話にみえる太陽の昇る樹である。『山海経』のなかに「湯谷の上に扶桑あり、十日の浴する所、九日下枝に居り、一日上枝に居る」（高馬三良訳、平凡社）とある。この一節が話題になるのは三星堆遺跡が初めてではない。一九七二年、湖南省長沙市近郊で発掘された「馬王堆漢墓《まおうたいかんぼ》」に「扶桑」の絵があったのである。小さな太陽が八つ、樹の頂上に大きな太陽、その中に鴉《からす》が停まっていて、大きな太陽の下には大きな龍が描かれている。「扶桑」とは桑の木のことで、神木とされ、太陽が出てくるときは「扶桑」を伝って登るとされた。いわゆる「扶桑伝説」で、扶桑は太陽がのぼるところ。東海の海上にあるとされ、後に日本の異名となるのである。

巨大神樹

三星堆の「二号坑」から出土した神樹は三本あり、写真はその内の一本「巨大神樹」である。下の台座（直径九十二・四センチ）は山を表している。幹は三段になっていて、それぞれの一段に三羽の鳥が止まっている。中段と上段にも三羽ずつ止まっているので、この樹に止まっている鳥は計九羽となる。徐朝龍氏は「丸い太陽を青銅で表現することは難しかったため、三星堆王国の職人たちは鳥でもって太陽の存在を暗示するという手法を取った」（『三星堆・中国古代文明の謎』大修館書店）と推測する。

中国古代史における青銅器文様の権威で京都大学名誉教授の林巳奈夫氏は「破片になって全部は揃わないが、帽子掛けのように三叉の脚の上に樹が立って枝があり、枝には丸彫の鳥がとまっている。（略）鳥がとまっているのは十個あるという太陽を象徴し、それが九羽いるのは十羽のうち一羽は現在空を運行中だ」というのである。「文献の記載は細部で出土品と合わないが、大体その辺でよいだろう」（『中国古代の神がみ』吉川弘文館）と徐朝龍説を支持している。

「大型縦目仮面」と『華陽国志』蜀志の「古代の蜀の国の最初の王は、名を蚕叢と言い、その目が縦目である」という記述との関係、「巨大神樹」と『山海経』の「湯谷の上に扶桑あり、十日の浴する所、九日下枝に居り、一日上枝に居る」という記述との関係。考古学遺物と文献の記録が一致したと見るならば、これまで伝説とみなされていたことが「歴史」となるわけで、これは大変なことである。当然のことながら、多くの学者たちは慎重である。

巨大神樹の枝に止まっている鳥。イヌワシだと思われる。不思議なことにすべて鳥の翼が折られている。

三星堆・中国古代文明の研究について

博物館や現地取材というかたちで報告してきたが、資料となるとまだまだ少ないのである。発掘されて二十数年ということもあるけれど、日本の研究者が正面から論じることを避けているとしか思えない。多くの学者が沈黙を守っているのである。

参考資料

一九九二年九月二十三日、NHKスペシャル『謎の仮面王国・古代揚子江文明を探る』が放映され話題を呼んだ。そして一九九八年四月、東京・世田谷美術館において『三星堆・中国五千年の謎　驚異の仮面王国』展が開かれ、やがて京都、福岡、広島と全国をまわることになった。この二つの出来事と前後して、「三星堆遺跡」に関する本がいくつか出版された。

いま、私の手元に六冊の本がある。日本で出版されたもの四冊、中国で出版されたもの二冊を年代順に並べてみる。

①『謎の古代王国・三星堆遺跡は何を物語るか』NHK出版、一九九三年。
②『長江文明の発見・中国古代の謎に迫る』角川選書、一九九八年。
③『三星堆・中国五千年の謎　驚異の仮面王国』朝日新聞社・テレビ朝日、一九九八年。
④『三星堆・中国古代文明の謎　史実としての「山海経」』大修館書店、一九九八年。
⑤『三星堆・古蜀王国的聖地』四川人民出版社、二〇〇二年。
⑥『三星堆博物館』四川少年児童出版社、二〇〇二年。

四川省関係者

徐朝龍氏は①〜④まですべてに深く関わっていて、②と④の著者であり、①の監修・共同執筆者、③の監修者のひとりである。また中国側では、③、⑤ともに四川省文物考古研究所の馬家郁（所長）と陳徳安の両氏が監修者あるいは著者となっていて、すべて四川省関係者なのだ。内容はどうしても「三星堆青銅器の独自性」に力点が置かれてしまう。①の「あとがき」で徐氏はこう述べている。

「自分の故郷における絢爛たる古代文明を紹介することができるのは、「蜀」で生まれ育った筆者にとってはこの上なく嬉しいことである。故郷への限りない愛情が、謎の文明を解き明かし、歴史の真の姿を復元する挑戦に取り組む私の原動力である」。どうやら、考古学には郷土愛が付きまとうものらしい。

私は個人的に徐氏の研究成果を大いに評価しているのだが、一方で「三星堆遺跡に関する資料」は、現在のところ彼の

盉（か）。高さ34センチの土器で、黄河中流域の二里頭文化の中に頻繁に見られるもの。飲酒儀礼に用いられた。

著作しか見当たらないのが不満である。例えば、講談社から全十二巻シリーズの『中国の歴史』が出され、第一巻『神話から歴史へ』、第二巻『都市国家から中華へ』（ともに二〇〇五年に刊行）を注意深く読んでも、前者では二ページ、後者に至っては「無文字のせいもあって『わからない』ことが多い」とのコメント付きで、わずか数行の記述しかないのである。一読者としては専門家が「三星堆文化」をどう見ているのかどうしても知りたいと思うのだが、多くを語ってくれない。

三星堆文化の系譜

③のなかで「三星堆文化の系譜」を書いている監修者のひとりで京都大学人文科学研究所教授の岡村秀典氏が努めて現状を客観視しようとしている。三星堆遺跡から出土した青銅の仮面や人頭像は殷・周青銅とは全く異質であり、三星堆文化の独自性を認めたうえで、しかし、それは黄河中流域の中原地域から孤立していたものではない、と断言する。土器の写真を見ていただきたい。「三星堆遺跡の居住区から出土した土器のなかで、袋状の三足をもつ盉《か》と高い脚をもつ豆《とう》とは、中原の二里頭文化前半期に特徴的な器形である。中原のものにくらべて、大型で粗雑なつくりであるが、中原の二里頭文化に起源することはまちがいない」と解説している。ちなみに前話でも名前の出てきた「二里頭文化」とは、洛陽の東方三十キロの堰師県で発掘された夏王朝後期ないしは殷王朝前期（紀元前二〇〇〇年ごろ）の遺跡を標準とする文化を言う。

古代の酒器

古代の儀礼には飲酒がともなう。中国の酒といえば白酒を想起するが、蒸留法が一般化するのは十二世紀ごろからで、古代の酒は穀物からつくられる醸造酒であった。

酒を温めて注ぐ盉は、袋状の三足と把手をもち、蓋に酒をいれる大きな口と管状の小さな注ぎ口がある。酒に薬草を混ぜて煎じたり、香りをつけるための器で、山東龍山文化（紀元前二三〇〇年頃）に起源がある。

（岡村秀典『中国文明・農業と礼制の考古学』）

二里頭文化との関係

岡村氏はまた、古代の宗教儀礼に欠かせない「玉戈《ぎょくか》」や「玉《ぎょく》璋《しょう》」も二里頭文化に起源を持つという。三星堆「一号坑」、「二号坑」から出土した玉戈に近い例としては、二里頭遺跡における殷墟「五号墓」の玉戈がある。三星堆「一号坑」から四十点、「二号坑」から十七点出土した玉璋も、二里頭文化に起源を持つタイプである、と。そして彼は次のように結論づける。「三星堆の文物には、中原に源流のあるものが多くふくまれ、ほかにも長江中・下流域と関連するものがあった。そして、玉器や青銅容器類は、その源流こそ中原に求められるものの、三星堆のなかで独自に変容していることが明らかになった」。

「南方」か「西南」か

三星堆博物館に「南方シルクロード」の地図があった。地元の

玉璋（ぎょくしょう）。儀礼用の道具で、元は石包丁だったと思われる。模様が面白いので部分アップで撮影。縦30センチ、幅6センチ。三星堆遺跡で璋の出土数は圧倒的に多い。

石壁（せきへき）。三星堆で出土する壁は玉製が少なく、ほとんどが石製。祭儀用ではなく、度量衡用だったのではないかという説もある。

玉戈（ぎょくか）。2号坑より出土。もともと武器で、矛（ほこ）と同義。玉製なので、宗教儀礼に用いられたと思われる。長さ24センチ。

四川省や雲南省では「シルクロード」よりも数百年前、あるいはもっと古い時期から使われていた道だからという理由で、「西南」ではなく「南方シルクロード」の名が使われる場合が多い。そして彼らは、百三十年前にドイツの地理学者リヒトホーフェンによって「絹の道・シルクロード」と命名された「西安～河西回廊～中央アジア」のルート、つまり我々が一般に「シルクロード」と呼んでいる道を「北方シルクロード」と言って区別している、郷土愛だろう。私は日本から眺めているし、司馬遷に敬意を表して「西南」が適切だろうと考えている。

三星堆博物館にあった西南シルクロード地図。

第十七話　岷江を下る

成都平原をバスに揺られて

三星堆に別れを告げ、路線バスで成都へ戻った。次ページの地図で明らかなように、岷江の本流は成都の西側を南に流れている。二千数百年前、都江堰の巨大水利施設が完成すると洪水の危険が大幅に減少し、分流が成都を潤すようになった。水運の利便も増し、定住の安全性が高まると、それまで「三星堆」にあった古代蜀国の中心がより便利な成都に移ることとなった。三者はまさにそういう関係にある。私たちの卒業旅行は「古代蜀の国」のなかをうろうろと彷徨う旅だったようである。

成都

今から二十年ほど前はまだ日本から雲南省への国際便がなく成田から成都へ飛び、国内便に乗り換えて昆明へ行くという時代

四川省と言えば『三国志演義』。諸葛孔明が劉備玄徳とともに祀られている武侯祠の入り口。日本人観光客も多い。

だった。成都は中国内陸部への玄関口に相当したため、何度か訪れている。一番印象深いのは、「出租自行車《レンタサイクル》」を借りて市内を一日中走り回ったことだ。巨大な毛沢東の像、武侯祠、杜甫草堂、陳麻婆豆腐店。これらは今でも存在する。しかし、建物が変わり、交通事情が変わり、成都の街のたたずまいも大きく変わってしまった。変わらないのは武侯祠の中だけではないかとも思える。市政府庁舎前の巨大な毛沢東像は今でもあるそうだが、昨年も四年前も見る機会がなかった。二十年前はまさに市の中心・シンボルといった感じだった。

岷江地図

蜀の都

成都の街の歴史は長い。今から二千四百年ほど前に古代蜀の都となり、「成都」と名づけられた。そして成都の名を有名にしたのは、『三国志演義』でおなじみの劉備　（一六一～二二三年）と諸葛孔明（一八一～二三四年）のコンビだろう。劉備が蜀の皇帝の位につき、成都に都したのである。日本では邪馬台国の女王・卑弥呼が魏に使者を送った（二三九年）ころである。

武侯祠

蜀漢の皇帝・劉備に仕えた宰相として諸葛孔明の名は広く日本でも知られている。はじめに皇帝である劉備を祀った「昭烈廟」がつくられ、六世紀のはじめに孔明を祀った「武侯祠」が並んで建った。しかし、十四世紀に両者は併合され、今でも正門の額に劉備の名がつけられてはいるのだが、孔明の人気が主君をはるかに上回るため、人々はみな「武侯祠」と呼ぶのである。君主と家臣を一緒に祀る例は、中国でも珍しい。

諸葛孔明の塑像。蜀の軍師。超人的な智謀を備え、天文や地理に通じていた。奇抜な作戦で人を驚かし、数々の合戦に勝利した。

武候祠の奥にある劉備の墓“恵陵”。高さ12メートル、周囲180メートル。皇帝の墓としては質素で、いかにも倹約家の劉備らしい。

劉備玄徳の塑像。人徳があり、義兄弟の関羽と張飛や軍師の諸葛孔明の助けを得て勢力を伸ばし、やがて蜀の皇帝となった。

武候祠から恵陵につづく参道。朱色の塀と竹の葉の緑が美しい。

杜甫草堂

二十年ほど前の成都は自転車の波であった。道路は広いが高いビルは市の中心部だけ、レンタサイクルに乗った私は緑の残る道を走って杜甫草堂にたどり着いた記憶がある。ところがどうだろう、いまでは賑やかな街中に堂々たる門構えの「草堂」なのであった。

四年間この地に住んだ杜甫は、二百四十首あまりの詩をつくった。成都の西の郊外にある「浣花渓《かんかけい》」という小川のほとりは、彼にとってつかの間の安住の場所だったといえよう。

絶句　杜甫
江《こう》は碧《みどり》にして鳥逾《いよいよ》白く
山青くして花然《も》えんと欲す
今春看《みすみす》又過ぐ
何《いず》れの日か是れ帰年《きねん》ならん

「江」とは成都の南側を流れる錦江のこと、浣花渓は錦江の上流にあたる。

現在の成都市街地図を見ると、中心部の北を流れる府河、南を流れる南河がある。その昔、この南河で織り上がった錦を洗うと、色がいっそう鮮やかになることから錦江とも呼ぶのである。そしてもっと大きな地図で眺めると、実は

杜甫草堂。漂泊の生涯を送った詩人・杜甫(712年〜770年)だが、成都で暮らした4年間は最も充実した時期であった。

浣花渓(かんかけい)。渓とは広くて深い川のこと。現在は小川になっているが、1300年前は水量が豊かだった。

この二本の川は都江堰の内江の分流であることがわかる。岷江から分かれ、成都を取り囲むようにして流れる水はやがて岷江に戻る。

　大好きな杜甫の詩をもう一首。草堂を建てた翌年、唐の上元二年（七六一年）の春につくる。

　　春夜雨を喜ぶ

好雨　時節を知り
春に当たって乃《すなわ》ち発生す
風に随《したが》って潜《ひそ》かに夜に入り
物を潤して細《こまや》かにして声無し
野径《やけい》雲は倶《とも》に黒く
江船《こうせん》　火は独り明らかなり
暁に紅の湿《うるお》える処を看れば
花は重し錦官城《きんかんじょう》

武侯祠と杜甫草堂を訪れた後、新華書店で資料を二冊買い求め、その夕べは麻婆豆腐を食す。

　その後、チベットを目指す若いN君に別れを告げた。後で聞いた話だが、青海省の荒野で彼を乗せたバスが横転し、彼も軽症を負ったが、なんとかラサまでたどり着けたとのことであった。

茅屋（ぼうおく）の字が記されている。草ぶきの屋根の家、みすぼらしい家、あばらや。また、自分の家をへりくだっていう語。

「陳麻婆豆腐店」の本店。山椒の辛さで舌と唇が痺れてしまう。いつ行っても客でいっぱいだ。

岷江を下るルート

いよいよ「西南シルクロード」の起点に立ったことになる。成都からインドへ向かう道はふたつ。ひとつは「霊関道」を通って山岳地帯をひたすら南下するルート、もうひとつは岷江《びんこう》を下って宜賓に至り、「五尺道」を南下するルートである。水路・岷江ルートを検証しよう。

四川省と甘粛省の境にある岷山山脈に源を発し南に流れる岷江は、楽山《らくざん》で青衣江《せいいこう》、大渡河《だいとか》と合流し、宜賓でさらに金沙江《きんさこう》と合流、名を長江と変えて海に注ぐ中国第一の大河である。岷江の源流から宜賓まで七百三十五キロ、四川省を流れる川の中で最も水量が豊富である。戦国時代の『尚

都江堰から岷江の上流を望む。2008年5月の四川大地震の震源地に近く、復旧は進んでいないという。

2007年9月10日、朝から小雨、流れが速い。楽山市は成都の南164キロに位置し、水陸交通の要衝である。

書』禹貢《うこう》に「岷山導江　岷山より長江を導く」と記されていて、中国では二千年以上も前から長江の源流は岷江だと考えられていた。長江の源流が金沙江であると最終的に確認されたのは、つい三十年ほど前のことである。

岷江の源流から都江堰までを「上流」、都江堰から楽山までを「中流」、楽山から宜賓までを「下流」と呼ぶ。上流は高山峡谷を激しく流れ、中流は成都平原を網の目のように分流して潤し、下流は水量が増大して船便は年中休むことがない。これは『中国大百科全書』中国地理からの要約だが、はるか蜀の時代も変わらなかったと思われる。

楽山へ

このあたりは六月と七月が雨季である。それから十一月まではゆっくりと水量が減少し、その後は急速に減少する。青衣江、大渡河と岷江が合流する楽山の夏は水が溢れて渦を巻き、船の難所と化す。私が訪れたのは二〇〇七年の九月だったが、流れは速くまさに満ち溢れんばかり。一本の川で

大仏の頭部は山と同じ高さ。坐像の高さは71メートルと巨大なので、船に乗らないと写真に収めきれない。

岷江の東岸から対岸にある楽山市区を撮影。左側は雨に煙る大渡河。中央の高いビルは“観仏楼”だと思われる。

さえ水量は多くなる時期なのに、さらに大きな流れが二つも加わるのだから無理もない。

大仏

楽山といえば大仏で名高い。世界最大の石仏で、世界文化遺産にも登録されている。岷江の東岸、凌雲山《りょううんざん》の絶壁に彫られた弥勒坐《みろくざ》像《ぞう》で、凌雲大仏ともいう。唐の開元元年(七一三年)に僧の海通《かいとう》が着工し、九十年の歳月を費やして完成させた。

私は観光名所の説明をしようとしているのではない。この楽山に第十五話で詳しく述べた李冰《りひょう》が深く関わっていることを述べたいのだ。地図をもとに説明しよう。大渡河が岷江へほぼ直角に流れ込む、その地点の絶壁に穴をあけ新

頭部は縦14.7メートル、幅10メートル、肩幅は24メートル、目の長さ3.3メートル、耳の長さ7メートル。耳の中に2人立てる。

足幅は8.5メートル、足から膝までの高さは28メートル。両足の甲には大人100人が余裕で座ることができる。

しい水路を作れば、激流も少しはおとなしくなるに違いないと考えた人がいる。大仏のある凌雲山と烏尤山《うゆうざん》の間に水路があり、これが李冰の行った仕事なのである。

離堆

「離堆《りたい》　大渡河、青衣江、岷江の合流点にあたり、急流をなし、舟航には危険が伴った。戦国時代の秦の昭襄王（在位紀元前三〇六～前二五一年）のとき、蜀郡太守の李冰が治水のために凌雲山と烏尤山の間（現在の麻浩口のところ）に水路を開削して流れを分かち、舟航の便をはかった」（『中国名勝旧跡事典』西南編）。

「離堆」と言う文字は第十五話でも登場した。凌雲山と烏尤山はもともと連なっていたが、大渡

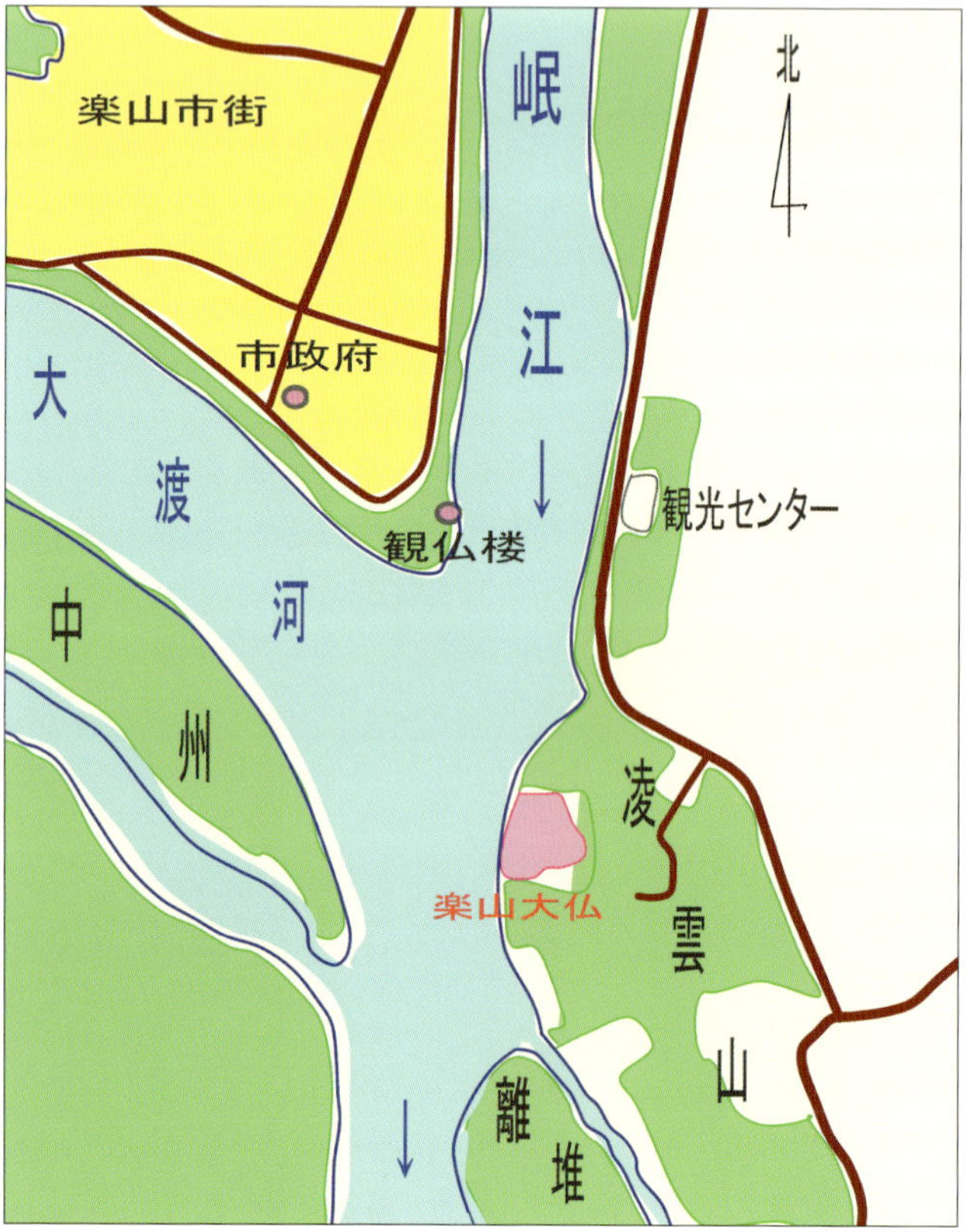

離堆すなわち烏尤山の山頂に烏尤寺がある。

河の流れの激突を避け水を通すために切り離したのだ。離れ小島となった烏尤山には、漢代、唐代、宋代の寺や碑が残る。なお、開削の工法は都江堰と同様、熱した岩に水をかけて急激に冷やし、岩盤をもろくして削る。そうした作業を繰り返して、山を水路に変えたのである。この工法は岷江流域の水利施設だけでなく後に「五尺道」でも用いられることになる。山を崩して道を開くのである。

李冰の業績

『華陽国志』蜀志には、都江堰以外にも李冰が楽山と宜賓において治水工事を行ったことが記載されている。ここで我々は李冰の業績を褒め称えたうえで、彼にこのような大規模な水利事業を命

遊覧船から撮影した烏尤山。左側に麻浩乗船場と大きな橋が見える。

大仏の右手が見える。至るところに仏像が散在しており、まさに「山は仏、仏は山」である。善男、善女がやってくる。

楽山大仏に隣接する凌雲寺内に鎮座する仏像。創建は唐代だが次第に廃れ、現存するのは明・清代のものだけである。

じた秦の昭襄王と当時の政治状況を考えなければならない。単に農産物増産のため、あるいは舟の事故を防止するだけのために大工事を命じたのではないだろう。昭襄王のころ、周辺で最大の力を持っていたのは、長江中流域にあった楚の国だった。秦は楚と東南部で国境を接していたが、高い山脈で隔てられていた。秦は最大のライバル楚を攻略するため、二代前の恵文王の時にまず巴蜀を併合しており（紀元前三一六年、「巴」は現在の重慶周辺）、軍用道路を確保するため半世紀以上を費やして岷江＝長江の水路を整備していたのである。水利開発によって荒地を穀倉地帯に変え、兵糧を潤沢にする意味も大きいが、西から楚を攻めるには岷江の水運が大変重要だったのである。それは「水上交通」というよりも「高速軍用水路」であり、それに合わせた造船技術もかなりの水準に達していたことを想像させる。

関連事項を整理してみる。

前三一六年、恵文王、巴蜀を併合する。
前三〇〇年ごろ、昭襄王、楚にたびたび出兵する。
前二五〇年、昭襄王、李冰を蜀郡の長官に任命する。
前二五〇年ごろ、李冰、都江堰の築造工事を開始。
前二三〇年ごろ、李二郎、都江堰の築造工事を完成させる。
前二二四年、秦、楚を滅ぼす。
前二二一年、秦、中国を統一する。

水運

もう一度、岷江の地図を見ていただこう。成都からしばらくは峻険な山岳地帯が続いていたが、楽山あたりからは丘陵地区になり、宜賓へ入る古道はいろいろあるようだ。しかし、「民間伝承や古籍、および文物を調べてみると、東線コースは、どうやら岷江を下る水路であった」（鄧廷良『謎の西南シルクロード』）。三星堆遺跡から出土した青銅器の成分分析の結果、銅の産地は会理、東川であり、鉛の産地が永善であることは第十六話で述べた。「それぞれの含有量はかなり低く、選別するときに大量の夾雑物を除去しなければならないので、多くの人出と資財が必要」だった（第十六話の『三星堆』より）。大量の鉱石を運ぶには水運が便利なのは明白だ。楽山付近は水流の多い夏期さえ避ければ安全なのだから。川とともに生活をしてきた蜀の人々が船を操るに巧みであったことは容易に想像できる。難所があれば、そこだけは一時的に陸路をとればいい。

長江のはるか下流ではあるが、約五千年前の良渚《りょうしょ》遺跡（浙江省杭州市良渚）から長さ約二メートルの木製の櫂が発見されているし、五経のひとつである『易経（周易）』には「木を穿って舟をつくり、木の棒を削って船を漕ぐ櫂とした」との記述がある。「西南シルクロード」を旅するのは個人ではなく、野獣、盗賊に対抗するために厳重に警備をした隊商である。成都から宜賓まで約三百五十キロだが、船便をうまく利用したら二、三日で着くだろう。水路の安全さえ確保できれば、危険で時間のかかる陸路を選ぶはずがないではないか。

難民、南へ

この「西南シルクロード」は、当然のことながら蜀布、鉱石、兵器などの物品だけでなく、仏教、習俗、美術などの文化も運ぶ。そして時には大勢の難民をも運ぶ。秦に滅ぼされた蜀の人々は、生贄や奴隷にされるより岷江の流れに身を任せるに違いないのである。秦の昭襄王は領土を拡大するたびに、捕虜を斬首や生き埋めにした。趙国を破った前二六〇年の「長平の戦い」では、四十万人以上の捕虜を生き埋めにしたといわれる。彼の治世中、生き埋めにされた捕虜は百万人にも上るという記録がある。

麻浩崖墓

「崖墓《がいぼ》」と呼ばれる変わった風習。切り立った岩山を穿って作った墓のことで、「岩墓《がんぼ》」とか「民族岩墓」と呼ばれることもある。四川南部から雲南北部に見られる。山や崖を敬った神仙思想によるものか、盗掘を防ぐ為のものなのか、その理由は明らかにされていない。後漢から魏晋南北朝期の約五百年間にかけて盛行した風習で、岷江や嘉陵江《かりょうこう》など、長江上流域の岩壁に多く分布しているのである。その代表が楽山の凌雲山にある「麻浩崖墓《まこうがいぼ》」で、一号岩墓は三重の構造をしており、漢の宮廷様式を学んでいるらしい。天然の赤い砂岩を穿って作っている。洞内は広く、深さ数十メートルのものもある。内部に高さ三十七センチメートルの仏像があり、一部には「これこそが中国最初の仏像であろう、『西南シルクロード』を経由してミャンマーから伝来した」と唱える学者もいる。

宜賓へ

青神県あたりから宜賓周辺まで、岷江の両岸は丘陵地帯の岩が連なり、そこには一万基以上の崖墓が見られるという。宜賓の西部あるいは南部に、宋代から明代にかけての崖墓が多い。ここまで来れば賢明な読者の皆さんは気づかれるに違いない、第八話

目の前は激流という麻浩湾上の崖にある後漢時代の墓。数多くの出土品は古代社会の文化、歴史の貴重な資料である。

第8話で取り上げた懸棺の一例。麻浩崖墓との共通点が見出せるだろうか。

の「懸棺《けんかん》」葬と似ているのではないか、と。秦に滅ぼされて遁走してきた「蜀人」が、宜賓周辺あるいはさらに南、すなわち雲南北東部に住みついた。彼等が漢族の墓葬習慣を真似て懸棺を築いた、という説がある。

金沙江

宜賓で岷江と金沙江が合流し、長江となる。金沙江は写真だけでご紹介しよう。そして李白の有名な詩を詠んで幕を閉じることにする。

峨眉《がび》山月《さんげつ》の歌　李白

峨眉山月半輪の秋
影は平羌江《へいきょうこう》の水に入りて流る
夜に清渓《せいけい》を発して三峡に向かう
君を思えども見えず渝州《ゆしゅう》に下る

「平羌江」は楽山大仏の合流地点から北へ、つまり岷江の数キロ上流の部分を指す。沿岸に旧跡が多いことで知られる。平羌江の東岸に板橋渓《ばんきょうけい》という街があり、唐代には「清渓駅《せいけいえき》」と言った。「渝州」は現在の重慶市中心部、「三峡」はさらにその下流。

雲南省西北部と四川省南部の省境を流れる金沙江。急角度で流れを変える“長江第一湾”付近は、川幅も広く、穏やかな流れになる。諸葛孔明やクビライの軍もここで渡河した。

李白の傑作中の傑作と言われる詩。唐の開元十三年(七二五年)、李白二十五歳――。故郷・蜀を離れるときの作(莊魯迅『李白と杜甫・漂泊の生涯』大修館書店)だとすれば、僧・海通が楽山大仏の建立を始めてから八年目ということになる。李白を乗せた船は宜賓に停泊したはずである。李白はそのまま船にのって長江を下ったわけだが、私たちは陸路「五尺道」に向かわなければならない。

麗江上空から撮影した金沙江。ここから東北方面に大きく流れを変えて四川省へ向かう。S氏撮影。

宜賓市内を流れる金沙江。急峻な山岳地帯から抜け出して、ゆったり流れる泥の河。間もなく長江と名が変わる。

金沙江と岷江の合流地点。右から泥で濁った金沙江が、左から青い水をたたえた岷江が握手をする。
長江はここから東シナ海まで流れ落ちて行く。

あとがき　参考資料一覧

あとがき

書かなければならないことなのに、扱いが難しい。あとにしようということで、ついに最後まで引き摺ってしまったことが二点ある。

ひとつは滇国の王、荘蹻《しょうきょう》のことである。戦国時代、楚の威王の時代（紀元前三三九年～前三二八年）、王は将軍の荘蹻に命じ、兵を引きつれ揚子江をさかのぼって巴・蜀・黔中《けんちゅう》（貴州省中西部）およびその西方の地域を攻略させた。荘蹻はもともと楚の荘王の子孫である（異説あり）。彼は南下して滇池までたどりついたが、その湖は三百里四方の大きさがあり、周囲の平野は数千里あって地味豊かであった。

荘蹻はこの地に軍事的圧力を加えて平定し、楚の勢力範囲にいれた後、報告のため帰国しようとした。ところが、ちょうど秦が楚を攻撃して巴郡と黔中郡を奪いとったため、道路が閉ざされて帰国不能になった。そのため、荘蹻はやむなく滇池まで引き返し、部下たちをつれて滇国を支配する王となり、服装を変えて土地の風俗に従い、彼らに君臨した。

司馬遷が『史記』西南夷列伝で明確に記述していることなのに、学者は誰一人として認めておらず、その記述は疑わしいと見るのが一般的な学説である。たとえば、滇国の王墓から出土した遺物に楚の影響が全く見られないから、滇と楚の関連性は疑わしい、といった具合である。全くの「伝説」だと論じている本もある。司馬遼太郎も『雲南のみち』のなかで、滇国の青銅器や石寨山遺跡については多くのページを割きながら、荘蹻の話には触れていない。『史記』西南夷列伝抜きに中国西南地域の古代史は語れない。にもかかわらず、この史料の一部は疑わしい、といわざるを得ないのは苦しいのである。

石寨山の地元・晋城の町には堂々たる荘蹻の像が建っていた。

もうひとつは、梅原猛・安田喜憲『長江文明の探求』（新思索社）を読んで、その面白さに圧倒されたことである。「稲作の起源地は雲南省である」という説が根底から否定され、起源は長江中流域にあるというのである。写真が多く、説得力もあり、分かりやすい。さらに参考文献をあたって調べてゆくうちに不思議なことに気がついた。他の学者から、反論・賛同がなにひとつないのである。彼らの学説を無視しているとしか思えない。ただ、「長江文明探求プロジェクト」グループの学者だけは行動して、元気に発言している。

一方で、立花隆が的確にこの間の事情を、二〇〇四年九月の『週刊文春』書評欄で指摘していた。同書を高く評価し、「間もなく、殷・周文明について語ることはできても、三星堆遺跡、良渚《りょうしょ》遺跡、河姆渡《かぼと》遺跡について語れない人は、時代遅れ」になるだろう。この十年間に、中国考古学の大転換が起こりつつある、という。

「たいへんに知的に刺激的な本である」と賞賛しながら同時に立花隆は次のように批判もする。「世界の文明を畑作（麦作）牧畜社会と、稲作漁撈社会にわけて、前者を、「力と闘争の文明」とし、後者を「美と慈悲の文明」として賞揚する見方は、観念先行の度がすぎてへきえきさせられる」。

安田氏の著書を何冊か読むと繰り返しこの論が展開されていて、素人の私から見ても疑問に思えるのだが、しかし長江文明探求にかけるパワーはすごいものがある。

たまたま留学先に選んだ雲南省は四川省にも近く、長江の上流に位置していた。私は『雲南のみち』と『長江文明の探求』に導かれて石寨山遺跡を見に出かけ、深入りしてしまったようである。ある席で、滇国青銅器の素晴らしさを長澤法隆氏に語ったところ「シルクロード雑学大学のホームページに連載しませんか」と誘われたのが始まり。旅をしながら、一話ずつリポートする形が二年間続いた。

ホームページ連載時の技術的なことでは前田種雄氏のお世話になった。雲南省と四川省の奥地への旅では、佐藤宏孝氏、近藤高陽氏抜きには取材できなかったと思う。また、装幀、レイアウトではデザイナーの川村易、きみご夫妻のお世話になりました。ここに御礼申し上げます。

最後に出版を快く引き受けていただいた、朝日出版社の原雅久社長に感謝の意を表します。

晋寧に建つ荘蹻の像。近藤高陽氏撮影。

参考資料一覧

【日本語文献】 著者・編者五十音順

朝日新聞社編『司馬遼太郎の遺産・街道をゆく』朝日新聞社、一九九六年
――『三星堆・中国5000年の謎・驚異の仮面王国』朝日新聞社・テレビ朝日、一九九八年
稲畑耕一郎監修『中国文明史図説4』創元社、二〇〇五年
梅原猛・厳文明・樋口隆康『長江文明の曙』角川書店、二〇〇〇年
梅原猛・安田喜憲『長江文明の探求』新思索社、二〇〇四年
岡村秀典『夏王朝・王権誕生の考古学』講談社、二〇〇三年
――『中国文明・農業と礼制の考古学』京都大学学術出版会、二〇〇八年
小川環樹他訳編『史記列伝』岩波文庫、一九九五年
小澤正人・谷豊信・西江清高『中国の考古学』同成社、一九九九年
愛宕松男訳注『完訳　東方見聞録(1)』平凡社ライブラリー、二〇〇〇年
筧文生『成都・重慶物語』集英社、一九八七年
川喜田二郎『鳥葬の国―秘境ヒマラヤ探検記』光文社カッパブックス、一九六〇年
川田忠樹『吊橋の文化史』技報堂出版、一九八一年
川野和子『中国魅惑の雲南』新評論、一九九七年
木村凌二『馬の世界史』講談社新書、二〇〇一年
小泉武夫『銘酒誕生』講談社現代新書、一九九六年
孔健『秘境・西南シルクロード』学生社、一九九〇年
高馬三良訳『山海経』平凡社、一九九四年

古賀登『四川と長江文明』東方書店、二〇〇三年
相良俊輔『菊と龍・祖国への栄光の戦い』光人社、一九七二年
佐々木高明『照葉樹林文化とは何か』中公新書、二〇〇七年
司馬遼太郎『街道をゆく(20)中国・蜀と雲南のみち』朝日新聞社、一九八七年
徐朝龍『長江文明の発見・中国古代の謎に迫る』角川書店、一九九八年
――『三星堆・中国古代文明の謎　史実としての「山海経」』大修館書店、一九九八年
徐朝龍・NHK取材班『謎の古代王国・三星堆遺跡は何を物語るか』NHK出版、一九九三年
白川静『中国の神話』中公文庫、一九八〇年
荘魯迅『李白と杜甫　漂泊の生涯』大修館書店、二〇〇七年
太平洋戦争研究会『太平洋戦争・主要戦闘事典』PHP研究所、二〇〇五年
高野秀行『西南シルクロードは密林に消える』講談社、二〇〇三年
竹内実『中国長江・歴史の旅』朝日選書、二〇〇三年
立花隆『ぼくの血となり肉となった五〇〇冊　そして血にも肉にもならなかった一〇〇冊』文芸春秋、二〇〇七年
ダニエルス、クリスチャン・渡辺武編『四川の考古と民俗』慶友社、一九九四年
長江流域規格弁公室「長江水利史略」編集組(高橋裕監修)『長江水利史』古今書院、一九九二年
鶴間和幸『中国の歴史03　ファーストエンペラーの遺産』講談社、二〇〇四年
鶴間和幸編著『四大文明[中国]』NHK出版、二〇〇〇年
鄧廷良(王矛・王敏編訳)『謎の西南シルクロード』原書房、一九九一年
鳥居龍蔵『中国の少数民族地帯をゆく』朝日新聞社、一九八〇年
鳥越憲三郎『古代中国と倭族』中公新書、二〇〇三年
長澤和俊訳注『法顕伝・宋雲行紀』平凡社、一九七一年

ニーダム、ジョセフ（東畑精一・藪内清監修）『中国の科学と文明』思索社、一九七九年
林巳奈夫『中国古代の神がみ』吉川弘文館、二〇〇二年
藤川繁彦『中央ユーラシアの考古学』同成社、一九九九年
藤田勝久『司馬遷の旅』中公新書、二〇〇三年
古山高麗雄『断作戦』文春文庫、二〇〇三年
——『龍陵会戦』文春文庫、二〇〇三年
——『フーコン戦記』文春文庫、二〇〇三年
——『二十三の戦争短編集』文春文庫、二〇〇三年
李長之（和田武司訳）『司馬遷』徳間書店、一九八〇年
米内山庸夫『雲南四川踏査記』改造社、一九四〇年

【中国語文献】 著者・編者ピンイン順

保山市旅行局編『保山旅行指南』雲南大学出版社、二〇〇五年
陳徳安『三星堆・古蜀王国的聖地』四川人民出版社、二〇〇〇年
陳明芳『中国懸棺葬』重慶出版社、一九九二年
鄧廷良『西南絲路』四川人民出版社、二〇〇二年
江玉祥編『古代西南絲綢之路研究（第二輯）』四川大学出版社、一九九四年
聶開昇主修『保山市文化志』国際文化出版社、一九九一年
騰衝県文学芸術界連合編『騰衝県旅行案内書』雲南美術出版社、二〇〇六年
徐冶・王清華・段鼎周『南方陸上絲綢路』雲南民族出版社、一九八七年

雲南民族美術全集『滇国青銅芸術』雲南人民出版社・雲南美術出版社、二〇〇〇年
張躍輝・劉家勝『三星堆博物館』四川少年児童出版社、二〇〇一年
張増祺『滇国与滇文化』雲南美術出版社、一九九七年
中国旅游出版社編『都江堰』中国旅游出版社、二〇〇五年
周勇『時間之痕・南方絲綢之路旅行筆記』雲南人民出版社、二〇〇一年

【写真提供・協力】
雲南美術出版社
光文社
佐藤宏孝
近藤高陽
長澤法隆

宍戸　茂（ししど　しげる）

一九三九年山形県生まれ。東北大学卒業後、出版社へ入社。二〇〇〇年に定年退職後、北京大学・雲南民族大学へ留学。一九九〇年代より自転車でシルクロードを走るようになり、これをライフワークにしている。

西南
シルクロード
紀行

2009年10月31日　初版発行

著者　宍戸　茂
発行人　原　雅久
発行所　株式会社　朝日出版社
〒101-0065 東京都千代田区西神田3-3-5
電話　03-3263-3321
ホームページ　http://www.asahipress.com

印刷　図書印刷株式会社

ISBN978-4-255-00490-7 C0095